스프링 여행 영어회화

이 QR코드를 스캔하면
음원 저장소에서
본문 전체 MP3 파일을
다운받을 수 있습니다!

## 스프링 여행 영어회화

2025년 6월 15일  초판 인쇄
2025년 6월 20일  초판 발행

엮은이 **LC스터디**
발행인 최연진
디자인 김영준, 장미경
마케팅 최관호
제작 최승룡
인쇄 선경프린테크

발행처 **어학시대**
주소 서울시 영등포구 영신로34길 19
등록번호 제 2025-000064호
전화 02) 2636-0897
팩스 02) 6305-0897
이메일 ohakbooks.daum.net

ⓒ LC스터디 2025
ISBN  979-11-992739-3-1   12740

이 책의 저작권은 저자에게 있습니다. 저자와 출판사의 허락없이
내용의 일부를 인용하거나 발췌하는 것을 금합니다.

## 스프링 여행 영어회화

LC스터디 지음

어학시대

쾌락은
우리를 자기 자신으로부터 떼어놓지만,
여행은
스스로에게 자신을 끌고 가는 하나의 고행이다.

- Albert Camus -

### 머리말

단체로 해외여행을 가면 현지 사정을 잘 아는 가이드가 안내도 해주고 통역도 해줘서 언어 때문에 크게 불편할 일은 없어요. 하지만 외국인과 직접 대화하거나 쇼핑할 때는 회화가 꼭 필요하죠. 여행지에서 자유롭게 소통할 수 있다면 여행이 훨씬 더 즐겁고 보람찰 거예요.

그래서 이 책에는 출국부터 귀국까지, 상황에 맞게 바로 활용할 수 있는 유용한 영어 표현만을 엄선했어요. 상대방의 말을 이해하고, 천천히 하지만 확실하게 내 의견을 표현할 수 있도록 도와줍니다

특히, 이 책은 여행 중에도 부담 없이 꺼내 볼 수 있도록 휴대하기 좋은 크기로 제작되었고, 꼭 필요한 표현만 골라 담아 실용성을 높였어요. 이 책 한 권만 챙겨가면 마치 개인 여행 가이드를 데리고 다니는 것처럼 든든할 거예요!

이 책의 특징은 다음과 같습니다.

### 포켓북 사이즈에 스프링 제본이라 편해요!

여행할 때 가볍게 들고 다니면서 필요할 때 바로 꺼내 볼 수 있도록 포켓북 사이즈로 만들었어요. 그리고 책을 펼치기 편하게 스프링 제본으로 제작했어요!

### 여행할 때 쓸 수 있는 유용한 회화 표현들!

해외여행이나 출장, 방문할 때 현지에서 바로 써먹을 수 있도록 꼭 필요한 회화만 골라 담았어요. 그리고 쉽게 찾아볼 수 있도록 사전식으로 정리했어요!

### 상황별로 필요한 회화가 들어 있어요!

여행을 떠나기 전에 알아두면 좋은 기본 표현부터 출국, 도착, 숙박, 식사, 관광, 쇼핑, 교통, 여행 중 생길 수 있는 문제 상황까지, 여행하면서 마주칠 수 있는 다양한 상황을 담았어요!

### 보기 쉽게 양쪽 페이지로 편집했어요!

필요한 상황이 생기면 바로 찾아서 쓸 수 있도록 우리말을 먼저 넣었고, 보기 쉽게 양쪽 페이지에 나란히 편집했어요!

### 원어민 발음에 가깝게 한글로 표시했어요!

영어를 잘 몰라도 쉽게 따라 할 수 있도록 모든 회화 표현과 단어에 한글 발음을 적어두었어요. 최대한 원음에 가깝게 표기해서 그대로 읽기만 해도 될 거예요!

### QR코드를 찍으면 원어민 발음을 바로 들을 수 있어요!

스마트폰 카메라로 QR코드를 찍으면 원어민의 정확한 발음을 상황별로 바로 들을 수 있어요. 그리고 표지나 판권에 있는 QR코드를 스캔하면 어학시대 MP3 파일 저장소에서 본문 전체 녹음 파일도 내려받을 수 있답니다. 여행을 떠나기 전에 미리 다운로드해서 공부해 두면, 영어에 대한 부담도 줄이고 더 자신 있게 말할 수 있을 거예요. 녹음은 먼저 한국인 성우가 우리말 표현을 말해주고, 그 다음 원어민이 해당 영어 문장을 들려주는 방식으로 되어 있어요. 원어민 발음을 들으면서 따라 하면 자연스럽게 익힐 수 있을 거예요!

## Part 1 기본표현

| | |
|---|---:|
| 인사 | 36 |
| 감사와 사과 | 38 |
| 말을 알아듣지 못했을 때 | 40 |
| 간단한 질문과 대답 | 42 |

## Part 2 출국 · 도착

| | |
|---|---:|
| 기내에서 | 48 |
| 환승 | 52 |
| 입국심사 | 54 |
| 하물이 없어졌을 때 | 56 |
| 세관에서 | 58 |
| 환전 | 60 |
| 호텔 찾기 | 62 |
| 공항에서 호텔로 | 64 |

## Part 3 호텔에서

| | |
|---|---:|
| 체크인 | 68 |
| 체크인에서의 문제 | 70 |

# 차례

룸서비스 .................. 72
한국으로 전화 걸 때 〈호텔에서〉
.................. 74
한국으로 전화 걸 때 〈시내에서〉
.................. 76
체크아웃 .................. 78
호텔에서의 문제 ........ 80
편지를 부칠 때 .......... 82

## Part 4 식당에서

레스토랑을 찾을 때 ..... 86
레스토랑 예약 ........... 88
자리에 앉기 ............. 90
주문할 때 ............... 92
식사중에 ................ 96
레스토랑에서의 문제 .... 98
지불할 때 ............... 100
패스트푸드점에서 ....... 102
바에서 .................. 104

## Part 5 쇼핑

| | |
|---|---|
| 쇼핑할 때의 기본회화 | 108 |
| 값을 깎을 때 | 112 |
| 의류점에서 | 114 |
| 가방가게 | 116 |
| 여행 소모품 구입 | 118 |
| 보석·악세서리점에서 | 120 |
| 스포츠용품 | 122 |
| 교환과 반품 | 124 |
| 면세점 | 126 |

## Part 6 관광 · 스포츠

| | |
|---|---|
| 미술관 | 130 |
| 사진을 찍을 때 | 132 |
| 극장과 콘서트 | 134 |
| 밤 거리 | 136 |
| 스포츠 관전 | 138 |
| 테니스와 골프 | 140 |
| 승마 | 142 |
| 낚시와 배 여행 | 144 |
| 해양스포츠 | 146 |
| 스키 | 148 |

# 차례

## Part 7 교통기관

| | |
|---|---|
| 길을 물을 때 | 152 |
| 길을 잃었을 때 | 156 |
| 길을 가르쳐 줄 때 | 158 |
| 택시 | 160 |
| 시내버스 | 162 |
| 지하철 | 164 |
| 관광버스 | 166 |
| 열차 | 168 |
| 비행기 | 172 |
| 렌터카 | 174 |
| 드라이브 | 176 |
| 차에 문제가 있을 때 | 178 |

## Part 8 긴급사태

| | |
|---|---|
| 의사를 부를 때 | 182 |
| 증상을 설명할 때 | 184 |
| 보험과 약 | 188 |
| 도난과 사고 | 190 |

# 영어에 관하여

자유의 여신상
(The Statue of Liberty Cathedral)

영어는 본래 앵글로색슨 족의 언어로 서게르만어군에서 발달한 고대 영어에서 기원하였다. 영어는 게르만어파의 주요 어간을 보존하면서도 고대 영어로부터 고유의 문법 체계를 발달시켜 왔다. 특히 노르만 정복이나 기타 여러 역사상 주요 사건으로 인해 다른 어떠한 게르만어파의 언어보다 프랑스어와 라틴어의 영향을 받아 왔다. 동시에 영어는 잉글랜드 지역에서 브리튼 제도 전체로 확산되었고, 마침내 오늘날의 미국, 캐나다, 오스트레일리아, 뉴질랜드 등의 대영제국의 영토나 식민지로도 확산되기에 이른다. 이러한 역사적 배경으로 인해 영어는 오늘날 이전에 영국이나 미국의 영향권 하에 있었던 파키스탄, 가나, 인도, 나이지리아, 남아프리카, 케냐, 우간다, 필리핀 등 많은 나라에서 공용어이다.

이와 같이 오늘날에는 전 세계 수많은 국가에서

주요 언어로 사용되고 있으며 공식 언어로서 뿐만 아니라 제2언어로서도 광범위하게 사용되고 있다. 영어는 또한 전 세계에서 가장 폭넓게 가르쳐지고 이해되는 언어로서 때때로 링구아 프랑카에 비유된다.

현재 약 3억 8천만 명이 영어를 모국어로 사용하고 있으며 제1외국어로 사용하는 사람은 추산 방법에 따라 1억 5천만에서 10억으로 파악된다. 그 외에도 영어는 다양한 종류의 의사소통이나 과학, 사업, 항공, 오락, 외교, 인터넷 등의 분야에서 주된 국제어로 사용되고 있다.

## 1. 미국 영어

미국에서 사용되는 영어의 형태이며, 세계 많은 곳에서 공용어 또는 제2언어로 사용된다. 캐나다 영어는 미국 영어에 포함되지 않는데, 캐나다 영어의 발음과 어휘는 미국 영어와 매우 비슷하지만, 캐나다 영어의 철자법은 종종 영연방식을 따른다. 교육과 출판에서 미국 영어를 사용하는 경향을 보이는 지역에는 동유럽의 대부분(러시아를 포함), 옛날 대영제국의 식민지였던 홍콩과 싱가포르를 제외한 극동, 아메리카, 그리고 아프리카에서는 라이베리아, 나미비아가 있다. 세계은행, 미국 전기·전자 통신학회와 여러 단체들 중 미국의 단체들 역시 미국 영어를 사용한다.

## 2. 영연방 영어

영국 전역과 특히 아프리카의 대부분 지역, 남아시아, 몰타, 오스트레일리아와 뉴질랜드, 그리고 동남아시아의 일부 지역, 그리고 홍콩 등의 대영제국의 옛 식민지들에서 사용되는 영어의 형태이다. 미국 영어처럼, 영국 영어도 세계 여러 지역에서 공용어로 사용된다. 영국 영어는 그 사용자의 대부분이 영연방 국가에 살고 있기 때문에, 영연방 영어라고도 불린다. 영국 영어를 사용하는 다른 집단에는 유럽 연합(EU), 그리고 국제 연합(UN)이 있다. 국제 올림픽 위원회(IOC), 북대서양 조약 기구(NATO), 세계 무역 기구(WTO)와 국제 표준화 기구(ISO) 등의 많은 국제단체들 역시 영국 영어를 사용한다.

## 3. 캐나다 영어

캐나다에서 사용되는 영어의 형태는, 철자법은 영국 영어와 가깝고, 발음과 어휘는 미국 영어에 훨씬 가까운 등, 영국 영어와 미국 영어 모두의 특징을 보인다. '미국식'이라고 일컬어지는 많은 낱말이나 구절 역시 캐나다에서 사용된다.

## 4. 영국 영어

영국 영어는 영국에서 사용되는 영어를 뜻하는 용어이지만, 영국 내에서 사용되는 말로써의 영어는, 세계에서 영어를 사용하는 여느 지역에서보다도 심지어는 훨씬 많은 인구와 넓은 땅을 가진 미국 내에서 보다도, 매우 다양한 차이를 보인다. 사투리는 영국 전역에서도 다양하지만, 잉글랜드 내에서도 어떤 경우에는 수마일 떨어진 지역에서도 차이가 생길 정도로 그 종류가 많다. 학교에서 가르치는 글로써의 영어는 보통 그 특정 지역에서만 사용되는 몇몇 낱말을 약간 강조한 정도의 영연방 영어이다. 예를 들어, 'wee'와 'small'은 대체로 서로 바꿔 쓸 수 있는 낱말이지만, 런던 사람보다는 스코틀랜드 사람이 'wee'라는 낱말을 자주 사용한다.

## 알파벳과 발음 요령

### 1. 알파벳

알파벳은 영어를 표기하기 위해 사용되는 문자로 자음 21자와 모음 5자를 합쳐 총 26개의 글자가 있다. 알파벳에는 대문자(A, B, C, D, E …)와 소문자(a, b, c, d, e …)가 있는데 각각의 글자 모양과 소리를 함께 잘 알아두어야 한다.

| | |
|---|---|
| **A a** [eɪ 에이] | **B b** [biː 비-] |
| **C c** [siː 씨-] | **D d** [diː 디-] |
| **E e** [iː 이-] | **F f** [ef 에프] |
| **G g** [dʒiː 쥐-] | **H h** [eɪtʃ 에이취] |
| **I i** [aɪ 아이] | **J j** [dʒeɪ 쥐에이] |
| **K k** [keɪ 케이] | **L l** [el 엘] |
| **M m** [em 엠] | **N n** [en 엔] |
| **O o** [oʊ 오우] | **P p** [piː 피-] |
| **Q q** [kjuː 큐-] | **R r** [ɑː(r) 아ː(ㄹ)] |
| **S s** [es 에스] | **T t** [tiː 티-] |
| **U u** [juː 유-] | **V v** [viː 븨-] |
| **W w** [ˈdʌbljuː 더블유ː] | **X x** [ˈɛks 엑스] |
| **Y y** [waɪ 와이] | **Z z** [ziː 즤-] |

## 2. 발음기호

단어를 읽기 위해서는 일정한 발음 규칙이 필요한데, 이것을 기호로 나타낸 것이 발음기호이다. 발음기호는 괄호 [ ]안에 표기를 하며 이러한 발음기호가 어떤 소리를 내는지 알면 영어를 자유롭게 읽을 수 있다.

### (1) 자음

자음이란 발음을 할 때 공기가 혀나 입, 입술, 입천장 등에 부딪히며 나는 소리이다. 자음은 [k], [p], [t]와 같이 성대가 울리지 않는 무성음과 [b], [d], [g]와 같이 성대가 울리는 유성음으로 구성되어 있다.

- [ p ]　**pig** [pɪg 피그] 돼지
- [ b ]　**book** [bʊk 북] 책
- [ t ]　**tie** [taɪ 타이] 넥타이
- [ d ]　**dream** [driːm 드리ː임] 꿈
- [ k ]　**king** [kɪŋ 킹] 왕
- [ g ]　**girl** [gɜːrl 거ː르얼] 소녀
- [ f ]　**face** [feɪs 페이스] 얼굴
- [ v ]　**violin** [ˌvaɪəˈlɪn 바이얼린] 바이올린
- [ ð ]　**brother** [ˈbrʌðə(r) 브러더(ㄹ)] 형제
- [ θ ]　**three** [θriː 쓰리ː] 셋

[ s ]   **sun** [sʌn 썬] 해

[ z ]   **zoo** [zu: 주:] 동물원

[ ʃ ]   **shark** [ʃɑ:rk 샤:ㄹ크] 상어

[ ʒ ]   **television** [ˈtelɪvɪʒn 텔리비전] 텔레비전

[ tʃ ]  **chocolate** [ˈtʃɑ:klət 차:클럿] 초콜릿

[ dʒ ]  **jean** [dʒi:n 쥐:인] 청바지

[ l ]   **lion** [ˈlajən 라이언] 사자

[ r ]   **rose** [ˈrouz 로우즈] 장미

[ n ]   **nose** [ˈnouz 노우즈] 코

[ m ]   **mail** [ˈmeɪl 메일] 편지

[ h ]   **hair** [heə(r) 헤어(ㄹ)] 머리카락

[ ŋ ]   **song** [sɔ:ŋ 쏘:옹] 노래

[ j ]   **yes** [jes 예스] 네

[ w ]   **wood** [wʊd 우드] 나무

## (2) 모음

모음이란 발음을 할 때 공기가 혀나 입, 입술, 입천장 등에 부딪히지 않고 공기가 목과 입 안의 울림으로 나는 소리이다. 모든 모음은 성대가 울리는 유성음으로 구성되어 있다.

[ i: ]  **teacher** [ˈti:tʃə(r) 티:춰(ㄹ)] 선생님

[ ɪ ]   **milk** [mɪlk 밀크] 우유

- [ e ]    **desk** [desk 데스크] 책상
- [ æ ]    **cat** [kæt 캩] 고양이
- [ ɔː ]   **dog** [dɔːg 도:그] 개
- [ oʊ ]   **boat** [boʊt 보우트] 보트
- [ ʊ ]    **cook** [kʊk 쿡] 요리사
- [ uː ]   **movie** [ˈmuːvi 무ː비] 영화
- [ ʌ ]    **cup** [kʌp 컵] 컵
- [ ɔ ]    **boy** [bɔɪ 보이] 소년
- [ aʊ ]   **house** [haʊz 하우즈] 집
- [ aɪ ]   **pilot** [ˈpaɪlət 파일럿] 조종사
- [ ɑ ]    **box** [ˈbɑks 박스] 상자
- [ ɔːr ]  **morning** [ˈmɔːrnɪŋ 모ː르닝] 아침
- [ʊə(r)]  **poor** [pʊə(r) 푸어(ㄹ)] 가난한
- [ɪə(r)]  **ear** [ɪə(r) 이어(ㄹ)] 귀
- [ɑː(r)]  **bar** [bɑː(r) 바ː(ㄹ)] 막대기
- [ ə ]    **gorilla** [gəˈrɪlə 거릴러] 고릴라
- [ ei ]   **baker** [ˈbeɪkə(r) 베이커ㄹ] 제과업자
- [eə(r)]  **air** [eə(r) 에어(ㄹ)] 공기
- [ ɜːr ]  **bird** [bɜːrd 버ː르드] 새

# 영어 기초 문법

## 1. 8품사

문장을 이루는 각 단어는 그 의미와 구실에 따라서 크게 여덟 가지로 나눌 수 있는데, 이것을 8품사라고 한다.

### (1) 명사(Noun)

유형·무형의 사물의 이름을 나타내는 말로서, 일정한 형태가 있는 것도 있고 형태가 없는 것도 있다. (문장 안에서 주어, 목적어, 보어로 쓰인다.)

- 형태가 있는 것 : book, desk, girl, water, sister 등
- 형태가 없는 것 : week, science, happiness 등

### (2) 대명사(Pronoun)

명사 대신에 쓰이는 말

- I, you, he, him, she, we, they, this / these, that / those 등

### (3) 동사(Verb)

사물의 동작이나 상태를 나타내는 말

- 동작동사 : say, run, play, study, go 등
- 상태동사 : be, become, love, know 등

### (4) 형용사(Adjective)
성질·수량 등을 나타내어 명사와 대명사를 꾸미는 말
- tall, old, beautiful, large, many 등

### (5) 부사(Adverb)
동사나 형용사, 다른 부사를 수식하는 말
- He speaks French well. (동사 수식)
- She is a very kind lady. (형용사 수식)
- He can speak English very well. (다른 부사 수식)

### (6) 전치사(Preposition)
명사 또는 대명사 앞에 놓여서 다른 말과의 관계를 나타내는 말로서, 부사구 또는 형용사구를 이룬다.
- in, at, on, from, by, of, with, under, for 등

### (7) 접속사(Conjunction)
낱말과 낱말, 구와 구, 절과 절을 연결하여 주는 말
- and, or, but, if, because, when, as 등

### (8) 감탄사(Interjection)
기쁨, 놀람, 슬픔 등의 감정을 나타내는 말
- oh, alas, bravo 등

## 2. 문장의 종류

그 의미에 따라서 평서문, 의문문, 명령문, 감탄문, 기원문 등으로 나눌 수 있다.

### (1) 평서문

사실을 그대로 진술하는 글을 평서문이나 설명문이라 한다. 일반적으로 어순은 〈주어+동사〉가 되고, 종지부로 끝맺는다. 평서문에는 긍정문과 부정문이 있다.

- She is a teacher. 그녀는 선생님이다.
- She is not a teacher. 그녀는 선생님이 아니다.

### (2) 의문문

의문을 나타내는 문장이다. 일반적으로 어순은 〈동사+주어〉로 놓이고, 의문부호로 끝맺는다.

- Who is calling, please? 〈의문사가 있는 의문문〉
  누구세요?
- Don't you like Kimchi? 〈의문사가 없는 의문문〉
  김치 좋아하지 않지?
- You need a pen, don't you? 〈부가의문문〉
  너 펜이 필요하지, 그렇지 않니?
- I know what I have to do right now. 〈간접의문문〉
  나는 지금 무엇을 해야 하는지 안다.

### (3) 명령문

명령, 금지, 의뢰를 나타내는 문장으로, 종지부로 끝맺는 것이 보통이지만, 강한명령일 때는 감탄 부호도 쓴다.

- Don't be angry. 화내지 마.
- Let's go home. 집에 가자.
- Sign your name here, please. 여기 서명해 주세요.

### (4) 감탄문

강한 감정을 나타내는 문장으로 감탄부호로 끝맺는다. 감탄문은 what 또는 how로 시작한다.

- What a pretty girl she is!

  그녀는 얼마나 예쁜 소녀인지!

- How nice you are!

  네가 얼마나 좋은 사람인지!

### (5) 기원문

축원하거나 소망을 기원하는 문장으로 어순은 〈May+주어+동사원형!〉이며, may를 생략하기도 한다.

- (May) Peace be with you!

  평화가 그대와 함께 하기를!

- (May) God bless you!

  신의 축복이 있기를!

## 3. 영어문장의 5형식

### (1) 1형식 (주어 + 동사)

- You win. 네가 이겼다.
- He flies. 그가 날아간다.

위 문장들은 모두 주어와 동사만으로 이루어진 문장이다. 우리말의 '~은/는'에 해당되는 부분이 주어이고, '~이다/하다'에 해당되는 부분이 동사이다. 1형식은 문장의 가장 핵심이 되는 주어와 동사만으로 이루어진 문장을 말한다.

### (2) 2형식 (주어 + 동사 + 보어)

- She is beautiful. 그녀는 아름답다.
- The banana is yellow. 바나나는 노란색이다.

위 문장에서 뒤에 나온 형용사(beautiful, yellow)는 앞에 나온 주어의 상태를 설명해 주고 있다. 이러한 형용사는 문장에서 '보어'로 쓰여 문장의 뜻을 보충해 준다.

1형식 문장의 일반동사와는 달리 2형식 문장의 동사는 혼자서는 문장을 완성할 수 없어서 동사를 보충해 주는 보어가 필요하다.

### (3) 3형식 (주어 + 동사 + 목적어)

- I read books. 나는 책을 읽는다.
- John plays the piano. 존은 피아노를 연주한다.

위 문장에서 '~을/를'에 해당하는 부분을 목적어라고 한다. 목적어란 동작의 대상이 되는 말로 주어와 동사로 이루어진 I read(나는 읽는다) 다음에 I read books.(나는 책을 읽는다.)처럼 무엇을 읽는지 그 목적 대상이 있어야 문장이 완성된다.

### (4) 4형식 (주어 + 동사 + 간접목적어 + 직접목적어)

- I gave you an apple. 나는 너에게 사과를 주었다.
- He teaches us English. 그는 우리에게 영어를 가르친다.

4형식 문장에는 3형식 문장 주어, 동사, 목적어 외에 you, us에 해당하는 간접목적어가 더 있다. 이러한 간접목적어는 동작을 받는 대상으로 간접목적어는 직접목적어 앞에 놓인다.

### (5) 5형식 (주어 + 동사 + 목적어 + 보어)

- He makes me happy. 그는 나를 행복하게 한다.
- We call it a rose. 이 꽃을 장미라고 합니다.

위 문장에서 'He makes me'를 보면 3형식 문장처럼 〈주어+동사+보어〉로 되어 있다. 하지만 '그는 나를 만든다'라는 불완전한 문장이 되어 그가 나를 어떻게 만들었는지 설명해 줄 단어가 필요하다. 즉 happy가 me의 상태를 설명해 주는 단어이다. 이와 같이 목적어의 상태를 설명해 주는 단어를 목적보어라고 하며, 이런 문장의 형태를 5형식이라고 한다.

## 꼭 알아두어야 할 중요한 표지

**A / B / C**

Admission free 무료입장
Beware of fire 불조심
Beware of pickpockets 소지품 주의
Beware of the dog 개조심
Business hours 영업시간
Caution 주의
Closed temporarily 임시 휴업
Closed to all vehicles 모든 차량 통행금지
Closed today 금일 휴업

**D / E / F**

Danger 위험
Detour 우회하시오
Exit / Way out 출구
Fare forward 요금 선불
Fire alarm 화재경보기
Fire escape / Emergency exit 불조심
Fire hydrant 소화전
Fit for drinking 음료수
For sale 매물
Fragile - Handle with care
　　　　　　깨지는 물건 - 취급 주의

## G / H / I / K

Go slow 서행

Hand off 손대지 마시오

House to let 셋집 있음

Information 안내소

Keep dry 건조하게 둘 것

Keep off the grass 잔디에 들어가지 마시오

Keep out[off] 접근금지

Keep to the right 우측통행

## N

No admittance except on business
관계자 외 출입금지

No consultation today 금일 휴진

No crossing 횡단금지

No dumping 쓰레기를 버리지 마시오

No nuisance 소변금지

No parking 주차금지

No passing 추월금지

No smoking 금연

No spitting 침을 뱉지 마시오

No trespassing / Dead End 출입금지

No turn 회전금지

No upside down 거꾸로 하지 마시오

No U-turn U턴금지
No visitors allowed 방문사절
Not for sale 비매품
Not in use 사용금지
Now in session 회의 중

## O / P
Off limits 출입 제한
On limits 출입 자유
One way only / One side only 일방통행
Opened today 금일 개점
Out of order 고장
Parking area 주차장
Pedestrians' crossing / Cross walk 횡단보도
Please remove your hats 탈모
Premiums offered 경품 증정
Public telephone 공중전화

## Q / R
Quiet 조용히
Receptionist 접수자
Reserved 예약 필
Road closed 통행금지
Room for standing only 좌석 만원

## S

Safety zone 안전지대

School, go slow 학교 앞, 서행하시오

Shut the door after you 문을 닫으시오

Side entrance 옆문을 이용하시오

Sold 팔린 물건

Sound horn 경적을 울리시오

Speed limit : 40 kph
속도 제한 : 시속 40 킬로미터 이하

Staying open 야간 영업

Stop line 정지선

## T / U

The train crew only 승무원 이외 출입금지

Toilet / Lavatory / W.C. / Rest room 화장실

Trash 휴지통

Under construction 공사 중

Under repairs 수리 중

## W / Y

Wanted to rent 셋집 구함

Warning : high voltage 위험 : 고압 전류

Watch your step 발밑을 조심하시오

Welcome to all visitors 입장 환영
Welcome to beginners 초심자 환영
Wet paint 페인트 주의
Year-end sale 연말 세일

# Part 1
## 기본표현

- 인사
- 감사와 사과
- 말을 알아듣지 못했을 때
- 간단한 질문과 대답

## 인사

안녕하세요.

세상 좁군요. 〈다시 만난 경우〉

여행은 어떠세요?

어떠세요?

잘 지내고 있어요. 당신은 어때요?

어디에서 오셨어요?

한국에서 왔습니다.

 일반적으로 많이 쓰이는 인사표현은 **Hi.** / **Hello.**이다. 구어에서는 **Howdy.** 또는 **Hiya.**도 자주 쓰인다. **Good morning!** / **Good afternoon!** / **Good evening!**은 시간대가 확실하게 구분되어 있는 것은 아니므로 오전 / 오후 / 저녁으로 나누어 사용하면 된다.

기본 표현

Good morning[Good afternoon, Good evening]!
굿 모어~닝[그래프터~누운, 그리브닝]

It's a small world!
이처 스몰 워얼드

How's your trip?
하우즈 유어 트립

How are you?
하우 아~ 유

Fine, thank you. And you?
퐈인 땡큐         앤드 유

Where are you from?
웨어~ 아 유 프럼

I'm from Korea.
아임 프럼 커뤼아

외국인과 처음 만나 인사를 나눌 때는 **How do you do?** (처음 뵙겠습니다.)라고 하고, 이에 대한 대답도 **How do you do?**라고 한다.
이는 줄여서 **Howdy?**라고도 표현하며 이어서 **Nice to meet you. / Glad to meet you.**(만나서 반갑습니다.)라고 한다.

## 감사와 사과

대단히 감사합니다.

친절에 감사드립니다.

천만에요.

정말 미안합니다.

괜찮아요.

당신 잘못이 아니에요.

제 잘못이 아닙니다.

 '~해줘서 고마워요.'라고 감사의 내용을 전할 때에는 보통 **Thank you for ~.**를 사용한다. **Thank you for your help.**(도와줘서 고마워요.) / **Thank you for the invitation.**(초대해 줘서 고마워요.) / **Thank you for the tip.**(조언해 줘서 감사해요.)

## 기본 표현

Thank you very much.
땡큐 베뤼 마취

It's very kind of you.
이츠 베뤼 카인더뷰

You're welcome.
유어~ 웰컴

I'm really sorry.
아임 륄리 싸뤼

That's all right.
대츠 올 롸잇ㅌ

It's not your fault.
이츠 낫 유어~ 풜트

It's not my fault.
이츠 낫 마이 풜트

사과를 할 때에는 보통 **I'm sorry.**(미안합니다.) / **Excuse me.**(실례합니다.)라는 표현을 사용하며 이에 대한 응답은 **That's all right.**(괜찮습니다.)이 있다. 만약, 트러블이 있는 경우 섣불리 미안하다고 사과하면 모든 책임을 지게 될 수도 있으니 주의해야 한다.

## 말을 알아듣지 못했을 때

좀 더 천천히 말해주세요.

영어는 조금밖에 하지 못합니다.

당신의 말을 이해할 수 없습니다.

그것은 무슨 뜻입니까?

잠깐만 기다려 주세요.

써주세요.

이해하시겠어요?

 상대방의 말이 빠르거나 자신이 알아들을 수 없는 말이 나오면 그냥 넘어가지 말고 확실하게 되묻는 습관을 길러서 의사소통에 문제가 없도록 해야 한다. **Beg your pardon? / Pardon?**(다시 말씀해 주시겠어요?)

기본 표현

Speak more slowly, please.
스피익 모어~ 슬로울리 플리이스

I only speak a little English.
아이 오운리 스피익 어 리를 잉글리쉬

I can't understand you.
아이 캔ㅌ 언더스탠드 유

What do you mean by that?
와류 미인 바이 댓ㅌ

Just a moment.
줘스터 모우먼트

Write it down, please.
롸이릿 다운 플리이스

Do you understand me?
두 유 언더스탠 미

잘 알아듣지 못했을 경우에 다시 한번 말해달라는 의미로 **Once more!** 또는 **Once again!**은 사용하지 않는 게 좋다. 이것은 예를 들면 선생님이 학생들에게 가르치면서 '아직 안 돼, 자 다시 한번 해봅시다.'의 경우처럼 '다시 한번'의 뜻으로 사용된다.

## 간단한 질문과 대답

준비되었어요?

저 / 어디보자 / 그러니까 〈생각하면서〉

이제 됐습니다.

멋지군요!

경우에 따라 다릅니다.

이것을 영어로 뭐라고 합니까?

무슨 말씀인지 알겠습니다.

 질문을 하고 싶을 때는 **I have a question for you.**(물어볼게 하나 있습니다.) / **May I ask you a question?**(질문 하나 해도 될까요?) 이라고 먼저 묻고 상대방이 승낙했을 경우 자신이 묻고자 하는 것을 말하는 게 좋다.

## 기본 표현

Are you ready?
아류 뤠디

Let me see.
렛 미 씨 —

That's enough.
대츠 이너프

That's great!
대츠 그뤠잇ㅌ

That depends.
댓 디펜즈

What do you call this in English?
왓 두 유 콜 디스 인 잉글리쉬

I understand what you mean.
아이 언더~스탠 와츄 미인

정중하게 질문을 할 때는 Could you tell me ~, please? 또는 May I ask ~?라는 표현을 사용한다. 예를 들어 How old are you?(몇 살입니까?)라고 하는 것보다 May I ask how old are you?(연세를 여쭤 봐도 되겠습니까?)라고 하는 것이 훨씬 정중한 표현이다.

## 간단한 질문과 대답

알겠습니다.

정말이에요? / 그래요?

큰일났어!

저도 그렇습니다.

저도 그렇지 않습니다.

저도 그렇게 생각합니다.

저는 그렇게 생각하지 않습니다.

 응답을 할 때 찬성하고 싶을 경우에는 간단하게 **Certainly!**(알았습니다!) / **Definitely!**(맞아요!) / **Exactly!**(확실히 그래요!) / **Perfect.**(맞아요.) / **Sure.**(당연하죠.) 등으로 표현하는데, 이것은 모두 강한 긍정을 나타낸다.

기본 표현

I see.
아이 씨 –

Really?
뤼얼리

Oh, my gosh!
오우 마이 가쉬

Me, too.
미 투

Me, neither.
미 니더~

I think so, too.
아이 씽크 쏘우 투

I don't think so.
아이 돈ㅌ 씽크 쏘우

상대가 한 말에 찬성할 수 없을 때는 **That's not correct!**(그건 옳지 않아요!) / **That's wrong.**(그건 틀려요!)이라고 반론하는 게 중요하며, 문두에 **Sorry, ~.** / **I'm afraid ~.** 등의 문형을 넣어주면 좀 더 정중한 표현이 된다.

45

# Part 2
## 출국·도착

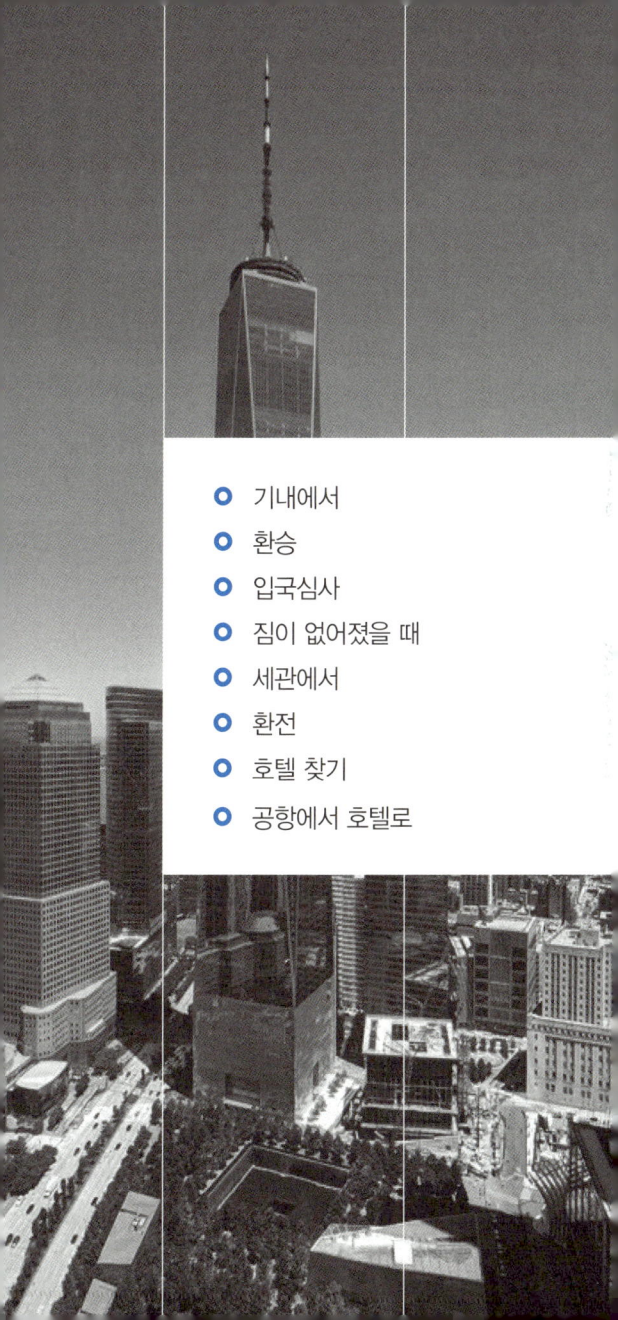

- 기내에서
- 환승
- 입국심사
- 짐이 없어졌을 때
- 세관에서
- 환전
- 호텔 찾기
- 공항에서 호텔로

## 기내에서

〈스튜어디스에게〉 실례합니다!

〈스튜어디스가〉 무얼 마시겠어요?

맥주 있습니까?

어떤 브랜드가 있습니까?

오렌지 주스 한 잔 더 주세요.

〈스튜어디스가〉 닭고기로 하시겠어요, 쇠고기로 하시겠어요?

쇠고기를 주세요.

| | | |
|---|---|---|
| 비행기표 | **airline ticket** | [에얼라인 티킷] |
| 탑승권 | **boarding pass** | [보어~딩 패스] |
| 좌석 | **seat** | [씨잇~] |
| 좌석번호 | **seat number** | [씨잇 넘버~] |
| 금연석 | **non-smoking seat** | [난 스모우킹 씨잇] |

출국·도착

Excuse me!
엑스큐스 미

What would you like to drink?
왓 우쥬 라익 투 드링크

Do you have beer?
두 유 햅 비어~

What kind do you have?
왓 카인 두 유 햅

Another orange juice, please.
어나더~ 오뤤지 쥬~스 플리이스

Chicken or beef?
취킨 오어~ 비이프

Beef, please.
비이프 플리이스

| | | |
|---|---|---|
| 흡연석 | **smoking seat** | [스모우킹 씨잇] |
| 통로석 | **aisle seat** | [아일 씨잇] |
| 창측석 | **window seat** | [윈도우 씨잇] |
| 빈자리 | **vacant seat** | [베이컨 씨잇] |
| 멀미봉지 | **sickness bag** | [씩니스 백] |

## 기내에서

저 빈 자리로 옮겨도 되겠습니까?

식사 전에 깨워주세요.

한국어 잡지 있습니까?

비행기 멀미약 있습니까?

무슨 담배가 있습니까?

〈면세품 사진을 가리키며〉 이것 있습니까?

〈물건을 사는 경우〉 신용카드 받습니까?

| 베개 | **pillow** [필로우] |
| 담요 | **blanket** [블랭킷] |
| 이륙 | **take-off** [테익 오프] |
| 착륙 | **landing** [랜딩] |
| 도착 | **arrival** [어롸이버~] |

출국·도착

Can I move to that vacant seat?
캐나이 무브 투 댓 베이컨 씨잇

Wake me up before meals.
웨익 미 업 비포어~ 밀스

Do you have Korean magazines?
두 유 햅 커뤼언 매거진스

Do you have medicine for air-sickness?
두 유 햅 메디슨 풔~ 에어씩니스

What kind of cigarettes do you have?
왓 카인덥 씨거렛츠 두 유 햅

Do you have this?
두 유 햅 디스

Do you accept credit cards?
두 유 액셉 크뤠딧 카~즈

| | | |
|---|---|---|
| 출국 | **departure** [디파~춰~] |
| 승무원 | **flight attendant** [플라잇 어텐던트] |
| 비상구 | **emergency exit** [이머~젼씨 에그짓!] |
| 이어폰 | **earphone** [이어~포운] |
| 객실 | **cabin** [캐빈] |

## 환승

〈스튜어디스에게〉 모두 내립니까?

탑승시간은 몇 시입니까?

게이트는 몇 번입니까?

얼마나 기다려야 합니까?

제 비행은 예정대로입니까?

식당은 어디에 있습니까?

〈탑승권을 보이며〉 이 비행기이지요?

| | | |
|---|---|---|
| 통과권 | **transit pass** | [트랜짓 패스] |
| 대합실 | **waiting room** | [웨이링 루움] |
| 탑승시각 | **boarding time** | [보어~딩 타임] |
| 탑승구 | **boarding gate** | [보어~딩 게잇] |

출국 도착

All the passengers off the plane?
올 더 패씬줘~스 오프 더 플레인

When is the boarding time?
웨니즈 더 보어~딩 타임

What's the gate number?
와츠 더 게잇 넘버~

How long must I wait?
하우 롱 머스트 아이 웨잇ㅌ

Is my flight on schedule?
이즈 마이 플라잇 안 스케줄

Where's a restaurant?
웨얼저 뤠스토롼트

Is this my flight?
이즈 디스 마이 플라잇ㅌ

| | | |
|---|---|---|
| 대기시간 | **waiting time** | [웨이링 타임] |
| 출발시각 | **departure time** | [디파~춰~ 타임] |
| 통과여객 카운터 | **transit counter** | [트랜짓 카운터~] |
| 면세점 | **tax-free shop** | [택스 프뤼- 샵] |

## 입국심사

〈심사관이〉 여행목적은 무엇입니까?

---

관광[비즈니스, 홈스테이, 유학] 입니다.

---

얼마 동안 체재하실 예정입니까?

---

10일간[1주간] 입니다.

---

〈심사관이〉 어디에서 체재하십니까?

---

쉐라톤 호텔[친구집]에 체재합니다.

---

〈심사관이〉 귀국 항공권을 보여 주십시오.

| | | |
|---|---|---|
| 입국 | **entry into a country** [엔트리 인투 어 컨트뤼] | |
| 여권 | **passport** [패스포트] | |
| 비자 | **visa** [비자] | |
| 목적 | **purpose** [퍼~퍼스] | |

출국·도착

What's the purpose of your visit?
와츠 더 펄퍼스 어뷰어~ 비짓

Sightseeing [Business, Home-stay, Studying].
싸잇씨잉[비즈니스, 호움 스테이, 스타딩]

How long are you planning to stay?
하우 롱 아 유 플래닝 투 스테이

For ten days[one week].
퍼~ 텐 데이즈[원 위익크]

Where are you going to stay?
웨어~ 아 유 고너 스테이

At the Sheraton [my friend's house].
앳 더 쉐라턴[마이 프렌즈 하우스]

Would you show me your return ticket?
우쥬 쇼우 미 유어~ 뤼터언 티킷

| | | |
|---|---|---|
| 일상생활용품 | **daily necessities** | [데일리 니쎄써리즈] |
| 반입금지품 | **prohibited articles** | [프뤄히비릿 아~티클스] |
| 개인용품 | **personal effects** | [퍼스널 이펙츠] |
| 신고하지 않아도 되는 품목 | **no declaration items** | [노우 데클러레이션 아이템즈] |

## 하물이 없어졌을 때

제 하물이 보이지 않습니다.

제 하물이 없어졌습니다.

대한항공 카운터는 어디 있습니까?

편명을 가르쳐 주세요.

대한항공의 942편입니다.

쉐라톤 호텔에 묵을 예정입니다.

저는 그곳에 8월 7일까지 체재합니다.

분실물취급소 **Lost and Found Office** [로스트 앤 파운드 어퓌스]
비행편　**flight** [플라잇]
명찰　　**name tag** [네임 택]
예정　　**schedule** [스케줄]

출국 도착

I can't find my luggage.
아이 캔ㅌ 파인 마이 러기쥐

My luggage is missing.
마이 러기쥐 이즈 미씽

Where's the KAL counter?
웨얼즈 더 케이에이엘 카운터~

What's your flight?
와츄어~ 플라잇ㅌ

My flight was KAL 942.
마이 플라잇 워즈 케이에이엘 나인퍼~투

I'm staying at the Sheraton.
아임 스테잉 앳 더 쉐라턴

I'll stay there until August 7th.
아일 스테이 데어~ 언틸 어거스트 쎄븐쓰

| 연락하다 | **contact** [컨택ㅌ] |
| 조사하다 | **check** [췌크] |
| 공중전화 | **public telephone** [퍼블릭 텔러풔운] |
| 체제하다 | **stay** [스테이] |

## 세관에서

신고할 것을 가지고 계십니까?

아니오, 없습니다.

예, 이것입니다.

이 가방에는 무엇이 들어 있습니까?

일용품입니다.

어디에서 세금을 지불하면 됩니까?

세금은 얼마입니까?

| | | |
|---|---|---|
| 세관신고서 | **customs declaration form** [키스텀스 데클러뤠이션 풤엄] | |
| 관세 | **duty** [듀리] | |
| 무관세 | **duty-free** [듀리 프뤼-] | |
| 면세품 | **duty-free goods** [듀리 프뤼- 구즈] | |

출국·도착

**Anything to declare?**
애니씽 투 디클레어~

**No, nothing.**
노우 낫씽

**Yes, this.**
예스 디스

**What do you have in this bag?**
왓 두 유 해브 인 디스 백

**I have some daily necessities.**
아이 햅 썸 데일리 니쎄써리스

**Where should I pay duty?**
웨어~ 슈라이 페이 듀리

**How much is the duty?**
하우 머취 이즈 더 듀리

| | | |
|---|---|---|
| 선물 | **gift** | [기프트] |
| 일용품 | **personal article** | [퍼~스널 아~티클] |
| (세금내는) 창구 | **cashier** | [캐쉬어~] |
| 신고하다 | **declare** | [디클레어] |

## 환전

환전소는 어디 있습니까?

환전을 부탁합니다.

환율은 얼마입니까?

이것을 파운드로 바꿔 주십시오.

잔돈도 섞어 주십시오.

이것을 20달러 지폐 5장으로 바꿔 주십시오.

지금 어디에서 환전할 수 있나요?

| | | |
|---|---|---|
| 25센트 | **quarter** | [쿼러] |
| 10센트 | **dime** | [다임] |
| 5센트 | **nickel** | [니켈] |
| 1센트 | **penny** | [페니] |

출국 도착

Where's the money exchange?
웨얼즈 더 머니 엑스췌인쥐

I'd like to exchange some money, please.
아이드 라익 투 엑스췌인쥐 썸 머니 플리이스

What's the exchange rate?
와츠 디 엑스췌인쥐 뤠잇ㅌ

Into pounds, please.
인투 파운즈 플리이스

With some small change, please.
위드 썸 스몰 췌인쥐 플리이스

Would you break this into five twenties?
우쥬 브뤠익 디스 인투 파입 트웨니스

Where can I exchange money now?
웨어~ 캐나이 엑스췌인쥐 머니 나우

| | | |
|---|---|---|
| 잔돈 | **change** | [췌인쥐] |
| 영업시간 | **business hour** | [비즈니스 아워] |
| 환전 | **exchange** | [엑스췌인쥐] |
| 수수료 | **service fee** | [써비스 피] |

## 호텔 찾기

관광안내소는 어디 있습니까?

역에서 가까운 호텔을 부탁합니다.

객실료는 얼마입니까?

아침식사료도 포함되어 있습니까?

그 호텔에는 어떻게 하면 갈 수 있습니까?

오늘 싱글룸 있습니까?

어디에서 호텔 셔틀버스를 기다리면 됩니까?

| | |
|---|---|
| 관광안내소 | **tourist information** [투어뤼스트 인풔~메이션] |
| 안전한 장소 | **safe area** [세입 에어뤼어] |
| 비싼 | **expensive** [익스펜십] |
| 싼 | **inexpensive** [이닉스펜십] |

출국·도착

Where's the tourist information booth?
웨얼즈 더 투어뤼스트 인풔~메이션 부~스

I'd like a hotel near the station.
아이드 라이커 호텔 니어~ 더 스테이션

How much is the room?
하우 머취 이즈 더 루움

Is breakfast included?
이즈 브렉풔스트 인클루딧

How can I get to the hotel?
하우 캐나이 겟 투 더 호텔

Do you have a single room today?
두 유 해버 씽글 루움 투데이

Where should I wait for the hotel shuttle bus?
웨어~ 슈라이 웨잇 풔~ 더 호텔 셔를 버스

| | | |
|---|---|---|
| 깨끗한 | **clean** | [클리인] |
| 장소 | **location** | [로우케이션] |
| 시내지도 | **city map** | [씨리 맵] |
| 세금 | **tax** | [택스] |

## 공항에서 호텔로

택시 승강장은 어디 있습니까?

쉐라톤 호텔까지 부탁합니다.

버스 정류장은 어디 있습니까?

〈버스를 가리키며〉 힐튼 호텔로 가는 공항버스입니까?

힐튼 호텔까지 몇 정류장입니까?

시내까지 얼마입니까?

여기서 내리겠습니다.

| | | |
|---|---|---|
| 화장실 | **restroom** [레스트룸] |
| 택시승강장 | **taxi stand** [택시 스탠드] |
| 버스타는 곳 | **bus stop** [버스탑] |
| 리무진 | **limousine** [리머지인] |

출국·도착

Where's the taxi stand?
웨얼즈 더 택시 스탠드

To the Sheraton hotel, please.
투 더 쉐라턴 호텔 플리이스

Where's the bus stop?
웨얼즈 더 버스탑

Is this the Airport bus to the Hilton Hotel?
이즈 디스 디 에어폴트 버스 투 더 힐튼 호텔

How many stops to the Hilton?
하우 매니 스탑스 투 더 힐튼

How much to downtown?
하우 머취 투 다운타운

I get off here.
아이 게롭 히어~

| | | |
|---|---|---|
| 공항버스 | **airport bus** | [에어포엇 버스] |
| 중심가 | **downtown** | [다운타운] |
| 하물 | **luggage** | [러기쥐] |
| 내리다 | **get off** | [겟 오프] |

# Part 3
# 호텔에서

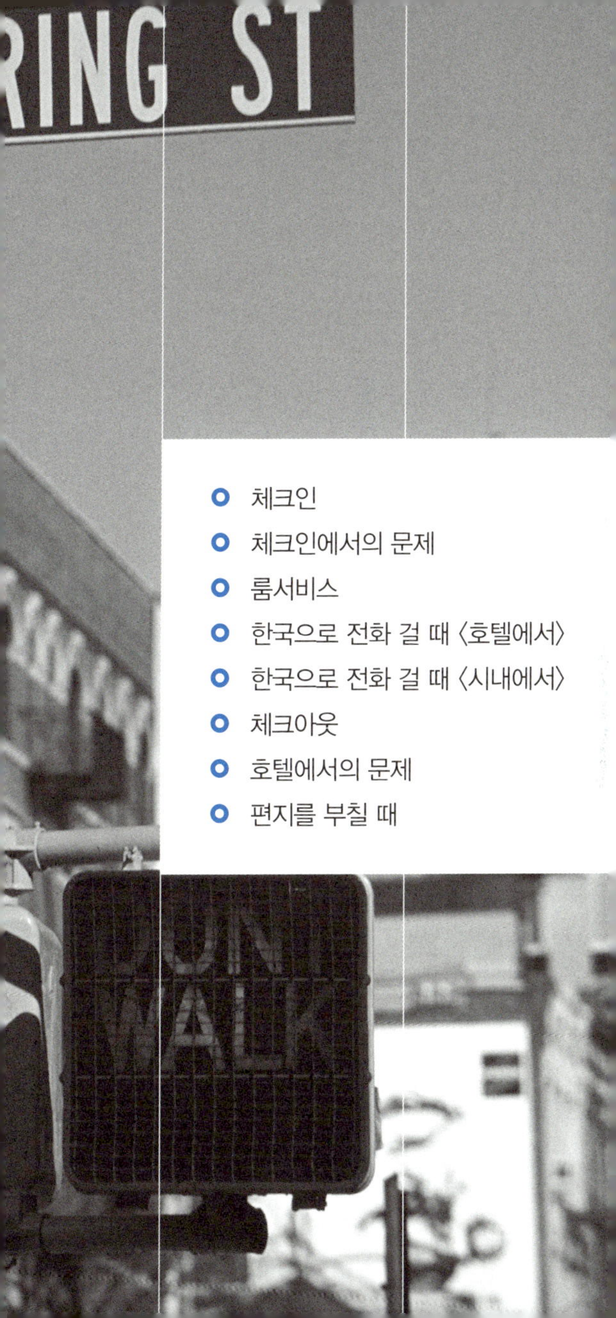

- 체크인
- 체크인에서의 문제
- 룸서비스
- 한국으로 전화 걸 때 〈호텔에서〉
- 한국으로 전화 걸 때 〈시내에서〉
- 체크아웃
- 호텔에서의 문제
- 편지를 부칠 때

## 체크인

체크인하고 싶습니다.

예약했습니다.

성함을 말씀해 주십시오. 〈프론트에서〉

김동수입니다.

숙박부를 적어 주십시오. 〈프론트에서〉

지불은 어떻게 하시겠습니까? 〈프론트에서〉

신용카드로 지불하겠습니다.

| | | |
|---|---|---|
| 예약 | **reservation** [뤠저~베이션] |
| 예약확인증 | **confirmation slip** [칸퐈~메이션 슬립] |
| 서명 | **signature** [씨그너춰~] |
| 보증금 | **deposit** [디파짓] |

## 호텔에서

I'd like to check in.
아이드 라익 투 체크 인

I have a reservation.
아이 해버 뤠저~베이션

May I have you name?
메이 아이 해뷰어~ 네임

My name is Dongsu Kim.
마이 네임 이즈 동수 킴

Please fill out the registration card.
플리이스 필라웃 더 뤠지스트뤠이션 카~드

How would you like to pay?
하우 우쥬 라익 투 페이

I'll pay with my credit card.
아일 페이 윗 마이 크뤠딧 카~드

| | | |
|---|---|---|
| 숙박기록부 | **registration card** | [뤠지스트뤠이션 카~드] |
| 기입하다 | **fill out** | [필 아웃] |
| 귀중품보관소 | **safty box** | [쎄이프티 박스] |
| 신용카드 | **credit card** | [크뤠딧 카~드] |

## 체크인에서의 문제

〈도착이 늦어져서〉 8시에 도착하겠습니다.

예약을 취소하지 말아주세요.

한번 더 제 예약을 확인해 주십시오.
〈예약이 되어 있지 않을 때〉

방을 취소하지 않았습니다.

객실료는 지불했습니다.

이것이 예약확인서입니다.

다른 호텔을 알아봐 주십시오.

| | | |
|---|---|---|
| 늦어지다 | **delay** | [딜레이] |
| 취소 | **cancellation** | [캔슬레이션] |
| 취소하다 | **cancel** | [캔슬] |
| 예약 | **reservation** | [뤠저베이션] |

호텔에서

I'll arrive at your hotel at eight.
아일 어라이브 앳 유어~ 호텔 앳 에잇ㅌ

Please don't cancel my reservation.
플리이스 돈 캔슬 마이 뤠저베이션

Check my reservation again, please.
체크 마이 레저베이션 어겐 플리이스

I didn't cancel the room.
아이 디든 캔슬 더 루움

I've already paid for the room.
아이브 얼레디 페이드 풔~ 더 루움

Here's the confirmation slip.
히얼스 더 칸풔~메이션 슬립

Would you refer me to another hotel?
우쥬 뤼풔~ 미 투 어나더~ 호텔

| 예약하다 | reserve [뤼저~브] |
|---|---|
| 조사하다 | check [췌크] |
| 철자 | spelling [스펠링] |
| 예산 | budget [바짓] |

## 룸서비스

룸서비스를 부탁합니다.

내일 아침 8시에 아침식사를 하고 싶습니다.

계란 프라이와 커피를 부탁합니다.

여기는 1214호실입니다.

얼마나 시간이 걸리겠습니까?

〈인스턴트 식품을 먹으려고〉 뜨거운 물을 가져다 주십시오.

세탁 서비스는 있습니까?

| | | |
|---|---|---|
| 계산서 | **bill** [빌] |
| 얼음 | **ice** [아이스] |
| 병따개 | **bottle opener** [바를 오프너~] |
| 깡통따개 | **can opener** [캔 오프너~] |

호텔에서

Room service, please.
루움 써~비스 플리이스

I'd like breakfast at 8 a.m. tomorrow morning, please.
아이드 라익 브렉풔스트 앳 에잇 에이엠 투마뤄우 모어~닝 플리이스

I'd like to have fried eggs and coffee.
아이드 라익 투 햅 프라잇 에그스 앤 커퓌

This is Room 1214.
디시즈 루움 트웰브 풔~티인

How long will it take?
하우 롱 윌릿 테익ㅋ

Would you bring me boiling water?
우쥬 브륑 미 보일링 워러~

Do you have laundry service?
두 유 햅 런드뤼 써~비스

| | | |
|---|---|---|
| 음료 | **drink** | [드륑크] |
| 요리 | **dish** | [디쉬] |
| 가벼운 식사 | **snack** | [스낵] |
| 세탁물 주머니 | **laundry bag** | [런드뤼 백] |

## 한국으로 전화 걸 때 〈호텔에서〉

한국에 전화 걸고 싶습니다.

〈교환원〉 번호를 가르쳐 주십시오.

지명통화를 원합니다.

〈교환원〉 어느 분에게 전화하실 건가요?

이미선 씨를 부탁합니다.

〈교환원〉 성함과 방 번호를 말씀해 주십시오.

〈교환원〉 끊지 말고 기다려 주세요.

 전화를 끊고 기다리세요. **Please hang up and wait.** [플리이스 행 업 앤 웨잇]
통화하세요. **Go ahead, please.** [고우 어헷 플리이스]
통화중입니다. **The line is busy.** [더 라인 이즈 비지]
전화를 받지 않습니다. **There is no answer.** [데어~ 이즈 노 앤써~]

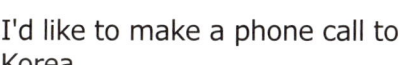

호텔에서

I'd like to make a phone call to Korea.
아이드 라익 투 메이커 뭐운 콜 투 커뤼아

What's the number?
와츠 더 넘버~

Person to person call, please.
퍼~슨 투 퍼~슨 콜 플리이스

To whom are you calling?
투 훔 아 유 콜링

Miss Misun Lee. M-I-S-U-N-L-E-E.
미스 미선 리    엠 아이 에스 유 엔 엘 이 이

Your name and room number, please.
유어~ 네임 앤 루움 넘버~ 플리이스

Hold on, please.
호울단 플리이스

| | | |
|---|---|---|
| 번호통화 | **Station-to-Station Call** | [스테이션 투 스테이션 콜] |
| 지명통화 | **Person-to-Person Call** | [퍼~슨 투 퍼~슨 콜] |
| 수신자부담통화 | **Collect Call** | [컬렉 콜] |
| 기다리다 | **hold on** | [호울드 온] |

## 한국으로 전화 걸 때 〈시내에서〉

이 전화로 한국에 전화 걸 수 있습니까?
〈공중전화에서〉

먼저 돈을 얼마나 넣으면 됩니까?

한국에 전화하고 싶습니다.
〈전화국·우체국에서〉

콜렉트 콜로 부탁합니다.

한국에 전화거는 데 시간이 얼마나 걸립니까?

3번 부스에서 전화하세요. 〈국선〉

전화요금은 얼마입니까? 〈통화 후〉

| 공중전화 | **pay phone / public telephone** [페이 풔운 / 퍼블릭 텔러풔운] |
| 동전 | **coin** [코인] |
| 교환원 | **operator** [아퍼뤠이러~] |
| 현지시간 | **local time** [로컬 타임] |

호텔 에서

Can I call Korea on this telephone?
캐나이 콜 커뤼아 온 디스 텔러풔운

How much should I deposit?
하우 머취 슈다이 디파짓

I'd like to call Korea.
아이드 라익 투 콜 커뤼아

Collect call, please.
컬렉 콜 플리이스

How long does it take to call Korea?
하우 롱 더짓 테익 투 콜 커뤼아

Please go to booth No. 3.
플리이스 고우 투 부우스 넘버~ 쓰뤼-

How much was the charge?
하우 머취 워즈 더 촤~쥐

| | | |
|---|---|---|
| (동전을) 넣다 | **deposit** | [디파짓] |
| 시외국번 | **area code** | [에어뤼아 코우드] |
| 통화 | **call** | [콜] |
| (전화)요금 | **charge** | [촤~쥐] |

## 체크아웃

〈전화로〉 체크아웃 하겠습니다.

1214호실의 김동수입니다.

포터를 부탁하겠습니다.

이 카드로 지불하고 싶습니다.

〈청구서를 보고〉
여기에 잘못이 있는 것 같군요.

장거리전화는 전혀 걸지 않았습니다.

영수증을 주시겠습니까?

| | | |
|---|---|---|
| 하물 | luggage | [러기쥐] |
| 포터 | porter | [포~러~] |
| 청구서 | bill | [빌] |
| 지불하다 | pay | [페이] |

## 호텔에서

Check out, please.
췌카웃 플리이스

My name is Dongsu Kim, Room 1214.
마이 네임 이즈 동수 킴 루움 트웰브 풔~티인

Send a porter, please.
쎈더 포~러~ 플리이스

I'd like to pay with this card.
아이드 라익 투 페이 윗 디스 카~드

I think there's a mistake here.
아이 씽크 데얼저 미스테익 히어~

I didn't make any long distance calls.
아이 디든 메이크 애니 롱 디스턴스 콜스

Can I have a receipt?
캐나이 해버 뤼씨잇ㅌ

| | | |
|---|---|---|
| 현금 | **cash** | [캐쉬] |
| 여행자수표 | **traveler's check** | [트뤠블러~스 췌크] |
| 신용카드 | **credit card** | [크뤠딧 카~드] |
| 영수증 | **receipt** | [뤼씨잇] |

## 호텔에서의 문제

마스터키를 부탁하겠습니다.

문을 걸고 나왔어요.

온수가 안나오네요.

화장실 물이 안나오네요.

옆방이 매우 시끄럽습니다.

잠을 잘 수가 없습니다.

방이 아직 청소되지 않았습니다.

| | | |
|---|---|---|
| 에어컨 | **air-conditioner** | [에어~컨디셔너~] |
| 물이 샘 | **water leaking** | [워러~ 리이킹] |
| 방의 온도 | **room temperature** | [루움 템퍼뤄쳐~] |
| 비누 | **soap** | [소웁] |

**호텔에서**

The master key, please.
더 매스터~ 키이 플리이스

I locked myself out.
아이 락트 마이셀프 아웃

There's no hot water.
데얼즈 노 핫 워러~

The toilet doesn't flush.
더 토일럿 더즌 플러쉬

The next room is very noisy.
더 넥스트 루움 이즈 베뤼 노이지

I can't sleep.
아이 캔트 슬립ㅍ

My room hasn't been cleaned yet.
마이 루움 해즌 빈 클리인드 옛

| 수건 | **towel** [타월] |
| --- | --- |
| 수도꼭지 | **faucet** [풔-씻] |
| 바퀴벌레 | **cockroach** [칵롸우취] |
| (물이) 나오다 | **flush** [플러쉬] |

## 편지를 부칠 때

이 근처에 우체국이 있나요?

지금 열려 있나요?

우표는 어디에서 살 수 있나요?

한국으로 항공편으로 부쳐 주십시오.

이 소포를 한국으로 부치고 싶습니다.

우편요금은 얼마입니까?

한국으로 선편으로 부쳐 주십시오.

| | | |
|---|---|---|
| 속달 | **express** | [익스프뤠스] |
| 등기 | **registered mail** | [뤠쥐스털드 메일] |
| 전보 | **telegram** | [텔러그뤰] |
| 대금인환 | **C.O.D(cash on delivery)** | [씨이 오우 디이] |

호텔에서

### Is there a post office near here?
이즈 데어뤄 포우스트 어퓌스 니어~ 히어~

### Is it open now?
이짓 오픈 나우

### Where can I buy stamps?
웨어~ 캐나이 바이 스탬스

### By airmail to Korea, please.
바이 에얼 메일 투 커뤼아 플리이스

### I'd like to send this parcel to Korea.
아이드 라익 투 쎈 디스 파~슬 투 커뤼아

### How much is the postage?
하우 머춰 이즈 더 포우스티쥐

### By seamail to Korea, please.
바이 씨이메일 투 커뤼아 플리이스

| | | |
|---|---|---|
| 수취인 | **receiver** | [뤼씨-버~] |
| 보내는 사람 | **sender** | [쎈더~] |
| 우편번호 | **zip code** | [집 코우드] |
| 풀 | **glue** | [글루우] |

# Part 4
## 식당에서

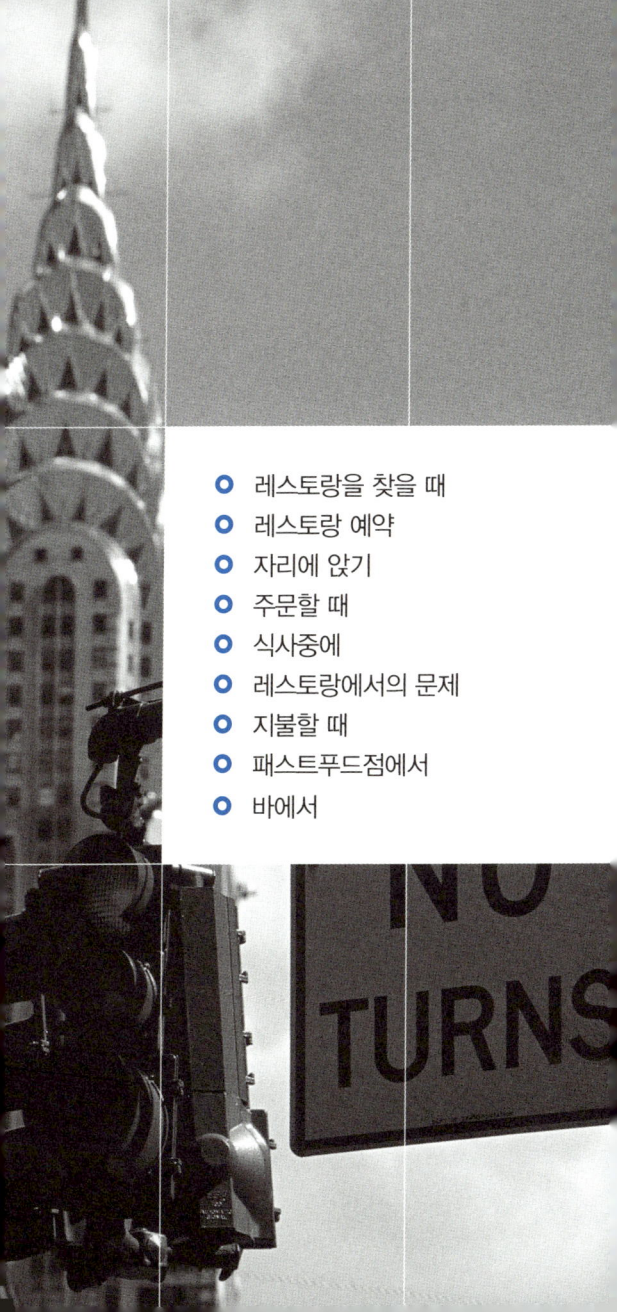

- 레스토랑을 찾을 때
- 레스토랑 예약
- 자리에 앉기
- 주문할 때
- 식사중에
- 레스토랑에서의 문제
- 지불할 때
- 패스트푸드점에서
- 바에서

## 레스토랑을 찾을 때

이 근처에 좋은 식당 있나요?

이 근처에 한국 식당 있나요?

해산물 음식을 먹고 싶습니다.

그것은 어디에 있습니까?

그것은 이 근처에 있습니까?

이 지도에서 어디입니까?

택시로 몇 분 걸리나요?

| | | |
|---|---|---|
| 싼 | **inexpensive** | [이닉스펜씹] |
| 비싼 | **expensive** | [익스펜씹] |
| 가까운 | **near** | [니어~] |
| 먼 | **far** | [똬~] |

## 식당에서

**Is there a good restaurant around here?**
이즈 데어뤄 굳 뤠스터란 어롸운 히어~

**Is there a Korean restaurant around here?**
이즈 데어뤄 커뤼언 뤠스터란 어롸운 히어~

**I'd like to have some seafood.**
아이드 라익 투 햅 썸 씨이푸드

**Where is it located?**
웨어~ 이짓 로우케이릿

**Is it near here?**
이짓 니어~ 히어~

**Would you show me on this map?**
우쥬 쇼우 미 안 디스 맵

**How many minutes by taxi?**
하우 매니 미니츠 바이 택씨

| | | |
|---|---|---|
| 지방요리 | **local food** | [로우컬 푸드] |
| 편리한 | **convenient** | [컨비니언] |
| ~를 찾다 | **look for~** | [룩 퓌~] |
| 프랑스 식당 | **French restaurant** | [프렌취 뤠스터런] |

## 레스토랑 예약

좋은 프랑스 식당 하나 추천해 주시겠어요?

그 식당에 예약해 주십시오.

일행은 몇 분이신가요?

오후 6시 30분에 5명입니다.

저녁 식사하려면 얼마나 드나요?

복장에 관한 규정이 있나요?

| | |
|---|---|
| 접수계 | **concierge** [칸씨에어~쥐] |
| 쇼를 하는 | **with a show** [위더 쇼우] |
| 장소 | **location** [로우케이션] |
| 예약 | **reservation** [뤠저~베이션] |

식당에서

Would you recommend us a good French restaurant?
우쥬 뤠커멘더스 어 굳 프렌취 뤠스터란

Make a reservation for the restaurant, please.
메이커 뤠저베이션 풔~ 더 뤠스터란 플리이스

How large is your party?
하우 라쥐 이즈 유어~ 파~리

Five people at 6:30 p.m.
퐈입 피플 앳 씩스 써~리 피엠

How much do we need for the dinner?
하우 머취 두 위 니드 풔~ 더 디너~

Is there a dress code?
이즈 데어뤄 드뤠스 코드

| 예산 | **budget** [바짓] |
| 취소 | **cancel** [캔슬] |
| 일행 | **party** [파~리] |
| 복장규정 | **dress code** [드뤠스 코드] |

89

## 자리에 앉기

예약을 했습니다.

예약을 하지 않았습니다.

몇 분이신가요?

금연석을 부탁합니다.

지금은 자리가 꽉 찼습니다.

얼마나 기다려야 합니까?

그러면, 기다리겠습니다.

| | | |
|---|---|---|
| 해산물요리 | **seafood** | [씨이푸드] |
| 고기요리 | **meat** | [미잇] |
| 생선요리 | **fish** | [퓌쉬] |
| 새요리 | **poultry** | [포울트뤼] |

식당에서

I have a reservation.
아이 해버 뤠저~베이션

I don't have a reservation.
아이 돈 해버 뤠저~베이션

How many in your party, sir?
하우 매니 인 유어~ 파~리 써~

Non-smoking section, please.
난 스모우킹 섹션 플리이스

No tables are available now.
노우 테이블스 아~ 어베일러블 나우

How long do we have to wait?
하우 롱 두 위 햅 투 웨잇ㅌ

We'll wait, then.
위일 웨잇 덴

| 오늘의 특별요리 | **today's special** [투데이스 스페셜] |
|---|---|
| 특선요리 | **specialty** [스페셜티] |
| 정식 | **set menu** [셋 메뉴] |
| 전채 | **appetizer** [애퍼타이저~] |

## 주문할 때

주문하시겠어요?

조금만 더 기다려 주세요.

주문 받으세요.

무얼 마시겠습니까?

이걸로 하겠습니다[먹겠습니다].

이것과 이것을 주십시오.

저도 같은 걸 먹겠습니다.

| | |
|---|---|
| 주문 | **order** [오~더~] |
| 살짝 익힌 | **rare** [뤠어~] |
| 알맞게 익힌 | **medium** [미디엄] |
| 완전히 익힌 | **well-done** [웰 던] |
| 맛 | **taste** [테이스트] |

# 식당에서

### Are you ready to order?
아 유 뤠디 투 오~더~

### We need a little more time.
위 니더 리를 모어~ 타임

### We are ready to order.
위 아~ 뤠디 투 오~더~

### What would you like to drink?
왓 우쥬 라익 투 드링크

### I'll take this one.
아일 테익 디스 원

### This and this, please.
디스 앤 디스 플리이스

### I'll have the same.
아일 햅 더 세임

| | | |
|---|---|---|
| 단 | **sweet** | [스위트] |
| 신 | **sour** | [싸우어~] |
| 매운 | **hot** | [핫] |
| 짠 | **salty** | [쎌티] |
| 쓴 | **bitter** | [비터~] |

## 주문할 때

권하는 요리가 있습니까?

무엇이 빨리 됩니까?

무슨 맛입니까?

〈웨이터가〉 다른 주문이 있습니까?

없습니다. 그게 전부입니다.

〈웨이터가〉 디저트는 무얼 드시겠어요?

됐습니다. 배가 부릅니다.

| 조미료 | **seasoning** [씨즈닝] |
| 설탕 | **sugar** [슈거~] |
| 소금 | **salt** [썰트] |
| 후추 | **pepper** [페퍼~] |
| 식초 | **vinegar** [비니거~] |

## 식당에서

What do you suggest?
왓 두 유 써줴스트

What can you serve quickly?
왓 캔 유 써~브 퀴클리

What does it taste like?
왓 더짓 테이스트 라익크

Anything else?
애니씽 엘스

No. That's all.
노우 댓츠 올

What would you like to have for dessert?
왓 우쥴 라익 투 햅 풔~ 디저~트

No, thank you. I'm full.
노우 쌩큐   아임 풀

| | | |
|---|---|---|
| 겨자 | **mustard** | [머스터드] |
| 마늘 | **garlic** | [가알릭] |
| 지방특산 와인 | **local wine** | [로컬 와인] |
| 하우스 와인 | **house wine** | [하우스 와인] |

## 식사중에

겨자 있습니까?

이것은 어떻게 먹는 것입니까?

저녁 식사를 맛있게 하고 있습니다.

이것은 맛있군요!

요리를 나눠서 먹고 싶은데요.

빵 좀 더 주시겠습니까?

디저트 메뉴 있습니까?

| | | |
|---|---|---|
| 디저트 | **dessert** | [디저트] |
| 푸딩 | **custard pudding** | [카스터드 푸딩] |
| 샤베트 | **sherbet** | [셔~빗] |
| 슈크림 | **cream puff** | [크뤼임 파프] |

## 식당에서

**Do you have mustard?**
두 유 햅 머스터드

**How do I eat this?**
하우 두 아이 이잇 디스

**We're enjoying our dinner.**
위어~ 인조잉 아우어~ 디너~

**This is good!**
디시즈 굿

**We'd like to share the dish.**
위드 라익 투 쉐어~ 더 디쉬

**Can I have more bread?**
캔 아이 햅 모어~ 브뤠드

**Do you have a dessert menu?**
두 유 해버 디저엇 메뉴

| 수푸레 | **souffle** [수-플레이] |
| 타트 | **tart** [타앗] |
| 초콜릿 | **chocolate** [춰컬릿] |
| 케이크 | **cake** [케이크] |

## 레스토랑에서의 문제

오래 걸립니까?

제 주문을 서둘러 주시겠어요?

아직 요리가 나오지 않았는데요.

이것은 주문하지 않았어요.

수프에 뭐가 들어 있는데요.

주문을 바꾸어도 되겠어요?

제 주문을 취소하고 싶습니다.

| | | |
|---|---|---|
| 늦는 | **late** [레잇] | |
| 불평하다 | **complain** [컴플레인] | |
| 주문하다 | **order** [오~더~] | |
| 다시 한 번 | **again** [어겐] | |

식당에서

Will it take much longer?
윌릿 테익 머취 롱거~

Would you rush my order?
우쥬 롸쉬 마이 오~더~

We're still waiting for our food.
위어~ 스틸 웨이링 풔~ 아우어~ 푸드

I didn't order this.
아이 디든 오~더~ 디스

There's something in the soup.
데얼스 썸씽 인 더 수웁

Can I change my order?
캔 아이 췌인쥐 마이 오~더~

I want to cancel my order.
아이 원 투 캔슬 마이 오~더~

| | | |
|---|---|---|
| 실수 | **mistake** | [미스테익] |
| 변명 | **excuse** | [익스큐스] |
| 웨이터장 | **head waiter** | [헤드 웨이러~] |
| 부르다 | **call** | [콜] |

## 지불할 때

계산서 갖다 주세요.

각자 따로따로 계산해 주세요.

남은 요리를 싸가지고 가도 되나요?

〈계산서를 보고〉
서비스 요금이 포함되어 있나요?

계산서에 잘못이 있네요.

나는 이것을 주문하지 않았습니다.

거스름돈이 잘못 되었군요.

| | |
|---|---|
| 청구서 | **check / bill** [췌크 / 빌] |
| 봉사료 | **service charge** [써~비스 촤~쥐] |
| 거스름돈 | **change** [췌인쥐] |
| 지불하다 | **pay** [페이] |

**식당에서**

Check, please.
췌크 플리이스

Separate checks, please.
쎄퍼릿 첵스 플리이스

Do you have a doggie bag?
두 유 해버 도기 백

Is the service charge included?
이즈 더 써~비스 촤~쥐 인클루딧

There's a mistake in the bill.
데얼저 미스테익 인 더 빌

I didn't order this.
아이 디든 오~더~ 디스

I got the wrong change.
아이 갓 더 뤄엉 췌인쥐

| | | |
|---|---|---|
| 합계금액 | **sum** [썸] | |
| 계산 | **calculation** [캘큘레이션] | |
| 신분증명서 | **ID card** [아이디 카~드] | |
| 정정하다 | **correct** [커렉트] | |

## 패스트푸드점에서

이 근처에 패스트푸드점 있나요?

햄버거 2개하고 중간 사이즈의
콜라 2잔 주세요.

여기에서 먹겠습니다[갖고 가겠습니다].

〈재료를 가리키며〉
이것을 샌드위치에 넣어 주세요.

(샌드위치는) 흰빵으로 해 주세요.

(주문은) 이게 전부입니다.

이 자리는 임자 있나요?

| | | |
|---|---|---|
| 피자 | **pizza** | [피-쩌] |
| 햄버거 | **hamburger** | [햄버-르거ㄹ] |
| 샌드위치 | **sandwich** | [샌드위치] |
| 샐러드 | **salad** | [샐러드] |

## 식당에서

Is there a fastfood store around here?
이즈 데어뤄 풰스트푸웃 스토어~ 어롸운 히어~

Two hamburgers and two medium cokes, please.
투우 햄버~거~스 앤 투우 미디엄 코욱스 플리이스

For here[To go], please.
풔~ 히어~[투 고우] 플리이스

Put this in the sandwich, please.
풋 디스 인 더 샌드위취 플리이스

I'd like white bread.
아이드 라익 와잇 브뤠드

That's all.
대츠 올

Is this seat taken?
이즈 디스 씨잇 테이큰

| 차 | **tea** [티–] |
| 커피 | **coffee** [커–피] |
| 주스, 즙 | **juice** [쥬–스] |
| 콜라 | **coke** [코우크] |

103

## 바에서

어느 맥주가 있습니까?

버드와이저 생맥주 2잔 주세요.

물 탄 스카치 위스키 2잔 주세요.

뭔가 먹을 것 좀 있습니까?

건배! 건강을 위하여!

한 잔 더 주십시오.

제가 사는 겁니다.

| | | |
|---|---|---|
| 위스키 온더락 | **on the rocks** | [온 더 락스] |
| 물 탄 위스키 | **whisky and water** | [위스키 앤 워러~] |
| 생맥주 | **draft beer** | [드뢔프트 비어~] |
| 흑맥주 | **stout** | [스타웃] |

**식당에서**

What kind of beer do you have?
왓 카이너 비어~ 두 유 햅

Two Budweisers on tap, please.
투우 벗와이저~스 안 탭 플리이스

Two Scotch and waters, please.
투우 스카천 워러~스 플리이스

Do you have something to eat?
두 유 햅 썸씽 투 이잇

Cheers! To your health!
취어~스   투 유어~ 헬스

Another one, please.
어나더~ 원 플리이스

It's on me, please.
이츠 온 미 플리이스

| 지방 특산 맥주 | **local beer** [로우컬 비어~] |
| 쉐리 | **sherry** [쉐뤼] |
| 칵테일 | **cocktail** [칵테일] |
| 숙취 | **hangover** [행오우버~] |

# Part 5
## 쇼핑

- 쇼핑할 때의 기본회화
- 값을 깎을 때
- 의류점에서
- 가방가게
- 여행 소모품 구입
- 보석 · 악세서리점에서
- 스포츠용품
- 교환과 반품
- 면세점

## 쇼핑할 때의 기본회화

뭘 드릴까요?

그냥 보기만 할게요.

블라우스를 찾고 있습니다.

저것 좀 보여주시겠어요?

이것 만져봐도 되나요?

이것은 손으로 만든 건가요?

이것은 무엇으로 만든 겁니까?

| | |
|---|---|
| 골동품점 | **antique shop** [앤틱 샵] |
| 모피 | **fur** [뭐] |
| 손목시계 | **watch** [외취] |
| 장난감 | **toy** [토이] |
| 카펫 | **carpet** [카~핏] |

쇼핑

What can I do for you?
왓 캔 아이 두 풔~ 유

Just looking.
줘스트 룩킹

I'm looking for a blouse.
아임 룩킹 풔러 블라우스

Would you show me that one?
우쥬 쇼우 미 댓 원

May I touch this?
메이 아이 터취 디스

Is this hand-made?
이즈 디스 핸메이드

What is this made of?
와리스 디스 메이드 업

| | | |
|---|---|---|
| 상감세공 | **inlaid work** | [인레이드 워~억] |
| 부엌용품 | **kitchenware** | [키췬웨어~] |
| 재떨이 | **ashtray** | [애쉬트뤠이] |
| 맥주컵 | **beer mug** | [비어~ 먹] |
| 수제의 | **hand-made** | [핸드 메이드] |

## 쇼핑할 때의 기본회화

이것은 얼마입니까?

이것을 주십시오.

〈점원이〉 더 사실 것 있으신가요?

아니오, 그게 전부입니다.

이것은 필요 없습니다.

마음에 드는 것이 전혀 없네요.

이 카드[수표] 받나요?

| | |
|---|---|
| 민속의상 | **national costume** [내셔널 카스톰] |
| 티셔츠 | **T-shirt** [티이 셔~엇] |
| 수건 | **towel** [타월] |
| 수영복 | **swimsuit** [스윔수웃] |

쇼핑

How much is this?
하우 머취 이즈 디스

This one, please.
디스 원 플리이스

Anything else?
애니씽 엘스

No, that's all.
노우 대츠 올

I don't need this.
아이 돈 니드 디스

Nothing for me.
나씽 풔~ 미

Can I use this card [traveler's checks]?
캔 아이 유즈 디스 카~드[트뤠블러~스 첵스]

| | | |
|---|---|---|
| 선글래스 | **sunglasses** | [썬글래시즈] |
| 뮤직박스 | **music box** | [뮤직 박스] |
| 민속 공예품 | **folkcraft articles** | [풔욱크래프트 아~티클스] |
| 문방구 | **stationery** | [스테이셔네뤼] |

## 값을 깎을 때

너무 비싸네요.

깎아 주시겠어요?

더 싼 것 있나요?

깎아주면 살게요.

30달러에 안 됩니까?

제 친구도 여기에서 살 겁니다.

이것은 다른 가게에서는 60달러 하던데요.

| 기념품점 | **souvenir shop** [수버니어~ 샵] |
| 시장 | **market** [마~킷] |
| 벼룩시장 | **flea market** [플리- 마~킷] |
| 상인 | **merchant** [머~쳔트] |
| 흥정 | **negotiation** [니고우쉬에이션] |

쇼핑

It's too expensive.
이츠 투우 익스펜씹

Can you give me a discount?
캔 유 깁 미 어 디스카운트

Anything cheaper?
애니씽 취이퍼~

If you give me a discount,
I'll buy it.
이퓨 깁 미 어 디스카운 아일 바이 잇

How about thirty dollars?
하우 어바웃 써~리 달러~스

My friends will also shop here.
마이 프렌즈 윌 올소 샵 히어~

This is sixty dollars at another store.
디스 이즈 씩스티 달러~스 앳 어나더~ 스토어~

| | | |
|---|---|---|
| 태피스트리 | **tapestry** | [태퍼스트뤼] |
| 도기 | **ceramic** | [써뢰믹] |
| 자수품 | **embroidery** | [임브뤼더뤼] |
| 유리세공 | **glass work** | [글래스 워~억] |
| 할인 | **discount** | [디스카운트] |

## 의류점에서

자켓 있습니까?

입어 봐도 됩니까?

탈의실은 어디에 있습니까?

더 작은[큰] 걸 주십시오.

제 사이즈를 재어봐 주시겠어요?

이걸로 제 사이즈가 있나요?

다른 색으로 있나요?

| | | |
|---|---|---|
| 직물 | **fabric** | [푀브릭] |
| 치수 | **measurement** | [메좌~먼트] |
| 같은 | **same** | [쎄임] |
| 다른 | **different** | [디풔런트] |
| 꽃무늬 | **flower print** | [플라우어~ 프륀트] |

쇼핑

Do you have jackets?
두 유 햅 쟤키츠

May I try this on?
메이 아이 트롸이 디스 안

Where's the fitting room?
웨얼즈 더 퓌링 루움

A smaller[larger] one, please.
어 스몰러~[라~줘~] 원 플리이스

Would you measure me?
우쥬 메줘~ 미

Do you have this in my size?
두 유 햅 디스 인 마이 싸이즈

In different colors?
인 디풔런 칼러~스

| | | |
|---|---|---|
| 줄무늬 | **stripe** | [스트롸이프] |
| 기성품 | **ready-made** | [뤠디 메이드] |
| 주문품 | **custom-made** | [카스텀 메이드] |
| 화려한 | **loud** | [라우드] |
| 수수한 | **quiet** | [콰이어트] |

## 가방가게

이것을 만져봐도 됩니까?

샤넬백은 어디에 있습니까?

이것은 재질이 무엇입니까?

이것은 인조 가죽인가요?

이 색으로 다른 형태의 것은 없나요?

이 형태로 검은 것은 없나요?

다른 디자인은 없나요?

| | | |
|---|---|---|
| 핸드백 | purse / handbag | [파~스 / 핸드백] |
| 숄더백 | shoulder bag | [쇼울더~ 백] |
| 소형가방 | second bag | [쎄컨 백] |
| 서류가방 | brief case | [브뤼프 케이스] |
| 트렁크 | trunk / suitcase | [트뤙크 / 수웃케이스] |

쇼핑

May I touch this?
메이 아이 터취 디스

Where are the Chanel bags?
웨어~ 아~ 더 샤넬~ 백스

What material is this?
왓 머티뤼얼 이즈 디스

Is this artificial leather?
이즈 디스 아~리퓌셜 레더~

Do you have another type in this color?
두 유 햅 어나더~ 타입 인 디스 칼러~

Do you have this in black?
두 유 햅 디스 인 블랙ㅋ

Do you have any other designs?
두 유 해브 애니 아더~ 디자인스

| | |
|---|---|
| (지폐 넣는) 지갑 | **billfold** [빌풔올드] |
| 신분증명 넣는 것 | **ID holder** [아이디 호울더~] |
| 지갑 | **wallet / purse** [월릿 / 퍼~스] |
| 동전지갑 | **coin purse** [코인 퍼~스] |
| 악어가죽 | **alligator** [앨리게이러~] |

## 여행 소모품 구입

여기서 가장 가까운 슈퍼마켓은 어디죠?

칫솔은 어디 있습니까?

손톱깎이 있습니까?

집사람에게 줄 선물을 찾고 있는데요.

그건 몇 층에 있나요?

화장품 코너는 어디에 있나요?

이건 언제쯤 세일을 하죠?

화장품　　**cosmetics** [카스메릭스]
립스틱　　**lipstick** [립스틱]
화장지　　**tissue** [티슈우]
자외선 방지 크림 **sun-block cream** [썬 블락 크뤼임]
생리대 **sanitary napkin / sanitary towel** [쌔너테뤼 냅킨 / 쌔너테뤼 타월]

## 쇼핑

**Where is the nearest supermarket from here?**
웨어리즈 더 니어리숫 슈퍼마켓 프럼 히어

**Where are the toothbrushes?**
웨어~ 아~ 더 투쓰브뤄쉬즈

**Do you have nail clippers?**
두 유 햅 네일 클립퍼~스

**I'm looking for a gift for my wife.**
아임 룩킹 풔러 깁트 풔 마이 와입

**Which floor is it on?**
위치 플로어 이짓 온

**Where is the cosmetic counter?**
웨어리즈 더 카즈메틱 카우너~

**When is it going to be on sale?**
웨니즈 잇 고잉 투 비 온 쎄일

| 일회용 밴드 | **Band-Aid** [밴드 에이드] |
|---|---|
| 감기약 | **cold medicine** [코올드 메더슨] |
| 치약 | **toothpaste** [투우쓰페이스트] |
| 건전지 | **battery** [배러뤼] |
| 스카치테이프 | **Scotch tape** [스카취 테입] |

## 보석·악세서리점에서

보석 매장은 어디입니까?

이 보석은 무엇입니까?

이 팔찌 좀 보여주세요.

왼쪽에서 두 번째 것 좀 보여주세요.

이것은 24금입니까?

보증서는 붙어 있습니까?

선물용으로 포장해 주세요.

| | | |
|---|---|---|
| 금세공 | **gold work** | [고울드 워~억] |
| 보석 | **jewel** | [쥬월] |
| 인조보석 | **artificial stone** | [아~티퓌셜 스토운] |
| 탄생석 | **birth stone** | [바~쓰 스토운] |
| 넥타이핀 | **tie clip** | [타이 클립] |

쇼핑

Where's the jewelry department?
웨얼즈 더 쥬얼리 디파~앗먼트

What's this stone?
와츠 디스 스토운

Show me this bracelet, please.
쇼우 미 디스 브뤠이슬릿 플리이스

Show me the second one from the left, please.
쇼우 미 더 쎄컨 원 프럼 더 레프트 플리이스

Is this 24 carat gold?
이즈 디스 트웨니 풔어~ 캐럿 고울드

Does this come with a guarantee?
더즈 디스 컴 위드 어 개런티이

Would you please gift-wrap this?
우쥬 플리이스 기프트 뢥 디스

| | | |
|---|---|---|
| 귀걸이(귀를 뚫어서 끼는) | **pierced earrings** [피어~스트 이어륑스] | |
| 귀걸이(귀에 거는) | **clip-on earrings** [클립 언 이어륑스] | |
| 옷소매 장식 단추 | **cuff links** [카프 링크스] | |
| 목걸이 | **necklace** [넥클리스] | |
| 브로치 | **brooch** [브뤄우취] | |

## 스포츠용품

이 근처에 운동용구점 있습니까?

이 쇼핑몰 안에 하나 있습니다.

테니스 라켓을 찾고 있습니다.

워킹슈즈 있습니까?

더 작은 것 있습니까?

이것은 딱 맞군요.

이것을 주십시오.

| | | |
|---|---|---|
| 골프용품 | golf goods | [골프 구즈] |
| 야외활동용품 | outdoor goods | [아웃도어~ 구즈] |
| 낚시용구 | fishing tackle | [퓌쉥 태클] |

쇼핑

Is there a sporting goods shop near here?
이즈 데어뤄 스포~링 구즈 샵 니어~ 히어~

There's one in this mall.
데얼즈 원 인 디스 몰

I'm looking for a tennis racket.
아임 룩킹 풔러 테니스 뢰킷

Do you have walking shoes?
두 유 햅 워킹 슈우스

Do you have a smaller one?
두 유 해버 스몰러~ 원

It fits just right.
잇 퓌츠 줘스트 롸잇ㅌ

This one, please.
디스 원 플리이스

| | | |
|---|---|---|
| 서프보드 | **surfboard** | [써~프보어~드] |
| 스키용품 | **ski goods** | [스키 구즈] |
| 테니스용품 | **tennis goods** | [테니스 구즈] |

## 교환과 반품

이것을 바꾸고 싶습니다.

이 스커트를 환불 받고 싶습니다.

어디로 가야 하나요?

더러워요.

고장났어요.

찢어졌어요.

영수증은 여기 있습니다.

| | | |
|---|---|---|
| 교환 | exchange | [익스췌인쥐] |
| 반품 | refund | [뤼펀드] |
| 흠집이 있는 | scratched | [스크뤠취트] |
| 풀려 있는 | unraveled | [언뤠블드] |
| 금 / 균열 | crack | [크랙] |

쇼핑

I'd like to exchange this.
아이드 라익 투 익스췌인쥐 디스

I'd like a refund on this skirt.
아이드 라이커 뤼펀 안 디스 스커~트

Where should I go?
웨어~ 슈다이 고우

It's dirty.
이츠 더~리

It's broken.
이츠 브뤄우큰

It's ripped.
이츠 립트

Here's the receipt.
히얼즈 더 뤼씨잇ㅌ

| 어제 | **yesterday** [예스터~데이] |
| 지금 | **now** [나우] |
| 내일 | **tomorrow** [터마뤄우] |
| 출발하다 | **leave** [리이브] |
| 영수증 | **receipt** [뤼씨잇ㅌ] |

## 면세점

면세점은 어디 있습니까?

이 립스틱을 주십시오.

신용카드로 지불하겠습니다.

이 가게에서 면세로 물건을 살 수 있습니까?

얼마 어치 사야 합니까?

(면세이므로) 얼마가 더 싼 건가요?

〈세관에서 서류를 보여주고〉
세금 환불 수속을 밟고 싶습니다.

| | | |
|---|---|---|
| 세금 | **tax** [택스] | |
| 면세 | **duty-free / tax-free** [듀리 프뤼- / 택스 프뤼-] | |
| 세금 면제 | **tax exemption** [택스 익젬션] | |
| 소비세 | **consumer tax** [컨수머ㄹ 택스] | |

쇼핑

Where's a duty free shop?
웨얼저 듀리 프뤼- 샵

This lipstick, please.
디스 립스틱 플리이스

I'll pay with a credit card.
아일 페이 위더 크뤠딧 카~드

Can I buy things duty-free here?
캔 아이 바이 씽즈 듀리 프뤼- 히어~

How much do I have to buy?
하우 머춰 두 아이 햅 투 바이

How much will I be saving?
하우 머춰 윌 아이 비 쎄이빙

I'd like to apply for tax exemption.
아이드 라익 투 어플라이 풔~ 택스 이그젬션

| | | |
|---|---|---|
| 수속 | **procedure** [프뤄씨-듀어~] | |
| 세관 | **customs office** [카스텀스 어퓌스] | |
| 제출하다 | **submit** [써브밋] | |
| 서류 | **form** [풔~엄] | |

# Part 6
# 관광 · 스포츠

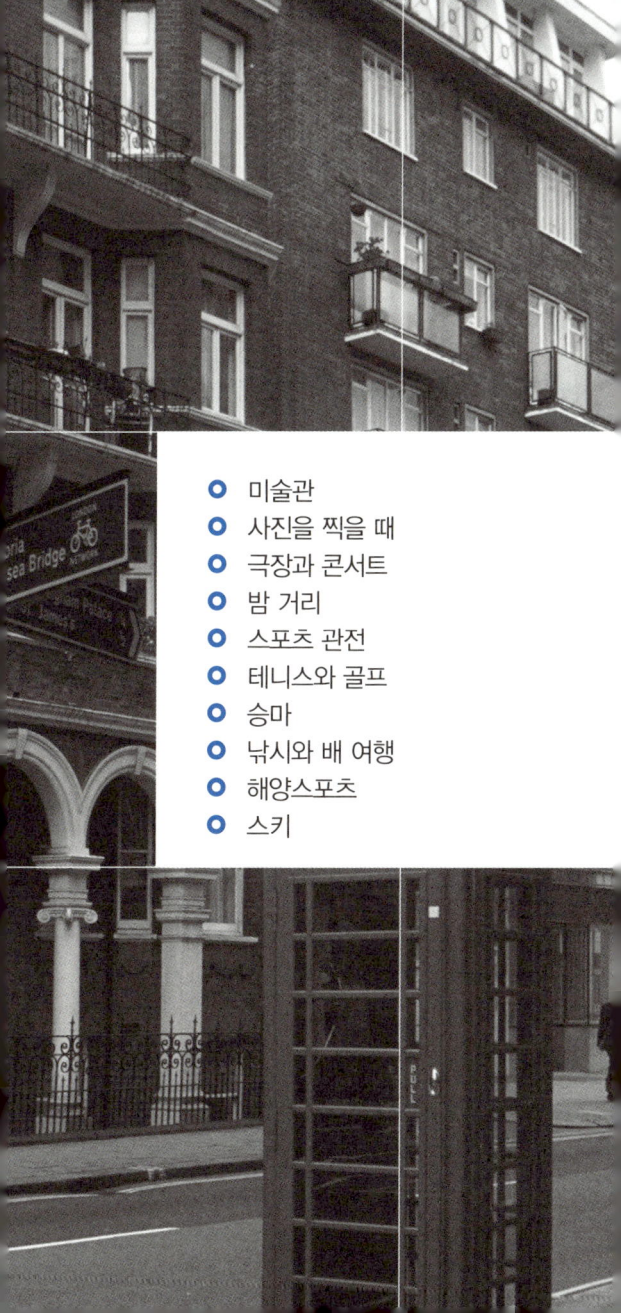

- 미술관
- 사진을 찍을 때
- 극장과 콘서트
- 밤 거리
- 스포츠 관전
- 테니스와 골프
- 승마
- 낚시와 배 여행
- 해양스포츠
- 스키

## 미술관

입장료는 얼마입니까?

어른 2장 주세요.

폐관 시간은 언제입니까?

르느와르의 작품은 어디에 있습니까?

여기에서 사진을 찍어도 됩니까?

플래쉬를 사용해도 됩니까?

화장실은 어디 있습니까?

| | | |
|---|---|---|
| 입구 | **entrance** | [엔트런스] |
| 출구 | **exit** | [엑짓] |
| 화장실 | **restroom** | [뤠스트루움] |
| 매점 | **gift shop** | [기프트 샵] |
| 팜플렛 | **brochure** | [브뤄슈어~] |

관광·스포츠

How much is the admission?
하우 머취 이즈 디 어드미션

Two adults, please.
투 어덜츠 플리이스

What is the closing time?
와리즈 더 클로우징 타임

Where are the works of Renoir?
웨어~ 아~ 더 웍스 업 뤄놔~

May I take pictures here?
메이 아이 테익 픽쳐~스 히어~

May I use a flash?
메이 아이 유–저 플래쉬

Where's the restroom?
웨얼즈 더 뤠스트루움

| | |
|---|---|
| 작품 | **works** [워~억스] |
| 성 | **castle** [캐슬] |
| 박물관 | **museum** [뮤지엄] |
| 궁전 | **palace** [팰리스] |
| 대성당 | **cathedral** [커씨드럴] |

## 사진을 찍을 때

실례합니다.

셔터 좀 눌러주시겠어요?

당신의 사진을 찍어도 되겠습니까?

함께 사진을 찍읍시다.

비디오를 촬영해도 되겠습니까?

당신에게 이 사진을 보내 드리겠습니다.

성함과 주소를 적어 주십시오.

| | | |
|---|---|---|
| 웃어요! | **Say cheese!** | [쎄이 취이스] |
| 예쁜 | **pretty** | [프뤼리] |
| 한국인 | **Korean** | [커뤼언] |
| 여행자 | **tourist** | [투어뤼스트] |

관광·스포츠

Excuse me!
익스큐스 미

Would you push the shutter?
우쥬 푸쉬 더 셔러~

May I take your picture?
메이 아이 테이큐어~ 픽쳐~

Let's take a picture together.
렛츠 테이커 픽쳐~ 투게더~

May I use a video camera?
메이 아이 유-저 비디오우 캐머롸

I'll send you this picture.
아일 쎈듀 디스 픽쳐~

Write down your name and address, please.
롸잇 다운 유어~ 네임 앤 애드뤠스 플리이스

| | | |
|---|---|---|
| 플래시 사용금지 | **No flash** [노우 플래쉬] |
| 촬영금지 | **No photographs** [노우 풔로우그뢥스] |
| 지역사람 | **local** [로우컬] |
| 사진현상 | **development** [디벨롭먼트] |

## 극장과 콘서트

뮤지컬을 보고 싶습니다.

이번 주 클래식 콘서트는 없습니까?

표는 어디에서 살 수 있습니까?

오늘 표는 아직 남아 있습니까?

내일 밤 표를 2장 주세요.

몇 시에 시작됩니까?

택시로 (극장까지) 얼마나 걸립니까?

| | | |
|---|---|---|
| 매표소 | **box office** | [박스 어퓌스] |
| 예매권 | **advance ticket** | [어드밴스 티킷] |
| 지정석 | **reserved seat** | [뤼자~브드 씨잇] |
| 특별석 | **special seat** | [스페셜 씨잇] |

관광
스포츠

We'd like to see a musical.
위드 라익 투 씨– 어 뮤지컬

Are there any classical concerts this week?
아~ 데어~ 애니 클래시컬 칸써~츠 디스 위크

Where can I get a ticket?
웨어~ 캐나이 게러 티킷ㅌ

Are tickets still available for today?
아~ 티키츠 스틸 어베일러블 풔~ 투데이

Two for tomorrow night, please.
투 풔~ 투마뤄우 나잇 플리이스

What time does it start?
왓 타임 더짓 스타~트

How many minutes by taxi?
하우 매니 미니츠 바이 택시

| | | |
|---|---|---|
| 자리의 열 | **row** | [뤄우] |
| 좌석 안내인 | **usher** | [어셔~] |
| 짐 보관소 | **cloakroom** | [클로우크루움] |
| 휴식시간 | **intermission** | [인타~미션] |

## 밤 거리

인기있는 디스코는 어디입니까?

그것은 안전한 곳에 있습니까?

택시로 몇 분 걸립니까?

그 요금에는 무엇이 포함되어 있습니까?

〈탔던 택시의 운전사에게〉
돌아갈 때도 저희들을 태워 주시겠어요?

여기에 9시에 저희들을 태우러 와 주세요.

택시 좀 불러주세요.

| | | |
|---|---|---|
| 치안 | **safty** | [세이프티] |
| 안전한 | **safe** | [세이프] |
| 가까운 | **near** | [니어~] |
| 먼 | **far** | [퐈~] |

관광
스포츠

Where's a popular club?
웨얼저 파퓰러~ 클럽

Is it in a safe area?
이짓 이너 세이프 에어뤼아

How many minutes by taxi?
하우 매니 미니츠 바이 택시

What does the fee include?
왓 더즈 더 퓌- 인클루-드

Would you pick us up again?
우쥬 피커스 업 어겐

Pick us up here at nine, please.
피커스 업 히어~ 앳 나인 플리이스

Call a taxi for me, please.
컬 어 택시 퓌~ 미 플리이스

| | |
|---|---|
| 입장료 | **admission fee** [어드미션 퓌-] |
| 복장검사 | **dress code** [드뤠스 코우드] |
| 식사 | **meals** [밀스] |
| 음료 | **drinks** [드륑스] |

## 스포츠 관전

농구 경기를 보고 싶습니다.

축구 경기는 어디에서 볼 수 있습니까?

그것은 언제입니까?

그것은 어디입니까?

표를 구할 수 있나요?

스타디움에는 어떻게 가나요?

경기는 언제쯤 끝날까요?

| | |
|---|---|
| 시합 | **game** [게임] |
| 야구 | **baseball** [베이스볼] |
| 농구 | **basketball** [배스킷볼] |
| 미식축구 | **football** [풋볼] |

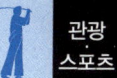

관광·스포츠

I'd like to see a basketball game.
아이드 라익 투 씨- 어 배스킷볼 게임

Where can I see a soccer game?
웨어~ 캔 아이 씨- 어 싹커~ 게임

When is that?
웨니즈 댓ㅌ

Where is that?
웨어~ 이즈 댓ㅌ

Can I get tickets?
캔 아이 겟 티키츠

How can I get to the stadium?
하우 캔 아이 겟 투 더 스테이디엄

About what time will it finish?
어바웃 왓 타임 윌릿 퓌니쉬

| | | |
|---|---|---|
| 아이스하키 | **ice hockey** | [아이스 하키] |
| 홈팀 | **home team** | [호움 티임] |
| 상대팀 | **opposing team** | [어포우징 티임] |
| 선수 | **player** | [플레이어~] |

## 테니스와 골프

테니스[골프] 를 하고 싶습니다.

예약을 부탁합니다.

오늘 플레이 할 수 있습니까?

〈골프〉 입장료는 얼마입니까?

〈골프〉 그 요금에는 카트 사용료가 포함되어 있나요?

〈골프〉 몇 시에 티오프할 수 있습니까?

〈테니스〉 근처에 퍼블릭 코트 있습니까?

| | | |
|---|---|---|
| 차례 | **turn** | [타~언] |
| 기다리다 | **wait** | [웨잇] |
| 시작하다 | **start** | [스타~트] |
| 마치다 | **finish** | [퓌니쉬] |

관광·스포츠

We'd like to play tennis[golf].
위드 라익 투 플레이 테니스[거얼프]

Reservations, please.
뤠저베이션스 플리이스

Can we play today?
캔 위 플레이 투데이

How much is the green fee?
하우 머취 이즈 더 그뤼인 퓌-

Does that include a cart?
더즈 댓 인클루우더 카~앗

When can we tee-off?
웬 캔 위 티-오프

Is there a public court near here?
이즈 데어뤄 퍼블릭 코얼~트 니어~ 히어~

| | | |
|---|---|---|
| 왼손잡이 | **lefty** [레프티] | |
| (골프)연습장 | **driving range** [드라이빙 뤠인쥐] | |
| 퍼트연습용 그린 | **practice putting green** [프랙티스 파링 그뤼인] | |
| 함께 | **together** [투게더~] | |

## 승마

승마를 해보고 싶습니다.

저는 초보자입니다.

초보자에게 안전한 건가요?

얼마나 타는 건가요?

코스는 어디 있습니까?

1시간에 얼마입니까?

재미있었습니다. 감사합니다.

| | | |
|---|---|---|
| 고삐 | reins | [뤠인스] |
| 잡다 | hold | [호울드] |
| 죄다 | tighten | [타이튼] |
| 늦추다 | slacken | [슬랙큰] |

관광·스포츠

I'd like to try horseback riding.
아이드 라익 투 트라이 홀스백 라이딩

I'm a beginner.
아이머 비기너~

Is it safe for beginners?
이짓 세이프 풔~ 비기너~스

How long is the ride?
하우 롱 이즈 더 라이드

Where's the course?
웨얼즈 더 코어~스

How much for an hour?
하우 머취 풔런~ 아우어~

I enjoyed it very much. Thank you.
아이 인죠이딧 베뤼 머치    쌩큐-

| | | |
|---|---|---|
| 타다 | **mount** | [마운트] |
| 내리다 | **dismount** | [디스마운트] |
| 안장 | **saddle** | [새들] |
| 등자 | **stirrups** | [스티랍스] * 밟고 올라타는 곳 |

## 낚시와 배 여행

지금 면허를 얻을 수 있나요?

주로 뭐가 잡힙니까?

가이드 딸린 보트를 한 대 주십시오.

빌려주는 낚시와 미끼가 필요합니다.

어떤 종류의 항해가 있습니까?

그 항해의 내용을 가르쳐 주십시오.

몇 시에 출발합니까[돌아옵니까]?

| | | |
|---|---|---|
| 낚싯대 | **fishing rod** | [퓌싱 라드] |
| 줄 | **line** | [라인] |
| 추 | **sinker** | [씽커~] |

관광·스포츠

Can I get a license now?
캐나이 게러 라이선스 나우

What's the main catch?
와츠 더 메인 캣춰

We need a boat with a guide.
위 니더 보웃 위더 가이드

We need rental fishing tackle and bait.
위 니드 렌털 퓌싱 태클 앤 베이트

What kind of cruises do you have?
왓 카이덥 크루지즈 두 유 햅

What are we going to do on the cruise?
와라~ 위 고우잉 투 두 온 더 크루즈

What time are we leaving [coming back]?
왓 타임 아~ 위 리이빙[커밍 백]

| | | |
|---|---|---|
| 미끼 | **bait** [베이트] | |
| 낚시도구 | **fishing tackle** [퓌싱 태클] | |
| 낚시바늘 | **hook** [후크] | |

## 해양스포츠

서핑[스쿠버 다이빙]을 하고 싶습니다.

다이빙 면허를 가지고 있습니다.

서핑보드를 빌리고 싶습니다.

좋은 다이빙스쿨을 알고 있습니까?

한국어를 하는 강사가 있습니까?

이 포인트에서 주의해야 할 것은 무엇입니까?

오늘 바람은 어떻습니까?

| | | |
|---|---|---|
| 산소 탱크 | **air tank** | [에어~ 탱크] |
| 체중 | **weight** | [웨잇] |
| 탈의실 | **dressing room** | [드뤠씽 루움] |
| 물안경 | **water goggles** | [워러~ 가글스] |

관광 스포츠

I'd like to go surfing [scuba diving].
아이드 라익 투 고우 써~핑[스쿠버 다이빙]

I have a diving license.
아이 해버 다이빙 라이선스

I'd like to rent a surfboard.
아이드 라익 투 렌터 써~프보어~드

Do you know any good diving schools?
두 유 노우 애니 굳 다이빙 스쿨스

Do you have a Korean speaking instructor?
두 유 해버 커뤼언 스피이킹 인스트락터~

What should we be careful about here?
왓 슛 위 비 케어~풀 어바웃 히어~

How about the wind today?
하우 어바웃 더 윈 투데이

| | |
|---|---|
| 물갈퀴 | **swimfin** [스윔핀] |
| 숨을 들이 마시다 | **breathe in** [브뤼이딘] |
| 숨을 내쉬다 | **breathe out** [브뤼이다웃] |
| 조류 | **current** [커런트] |

## 스키

스키를 타고 싶습니다.

스키 레슨을 받고 싶습니다.

스키 장비는 어디에서 빌릴 수 있습니까?

2벌 빌리고 싶습니다.

수하물 보관소는 어디입니까?

회수권은 얼마입니까?

초보자용 코스는 어디입니까?

| | | |
|---|---|---|
| 초보자 | **beginner** [비기너~] | |
| 중급자 | **intermediate skier** [인터~미디엇 스키어~] | |
| 상급자 | **advanced skier** [어드밴스트 스키어~] | |
| 스키장 | **skiing ground** [스키잉 그롸운드] | |

관광·스포츠

I'd like to ski.
아이드 라익 투 스키

I'd like to take ski lessons.
아이드 라익 투 테익 스키 레슨스

Where can I rent ski equipment?
웨어~ 캐나이 렌트 스키 이큅먼트

Two pairs, please.
투 페얼스 플리이스

Where's the checkroom?
웨얼즈 더 췌크루움

How much is a coupon ticket?
하우 머춰 이즈 어 쿠-판 티킷

Where's the slope for beginners[bunny hill]?
웨얼즈 더 슬롭 풔 비기너스[버니 힐]

| 스키 | **ski** [스키] |
| 레슨요금 | **tuition** [튜–이션] |
| 수하물 보관소 | **checkroom** [체크루움] |
| 1일권 | **one-day ticket** [원 데이 티킷] |

# Part 7
교통기관

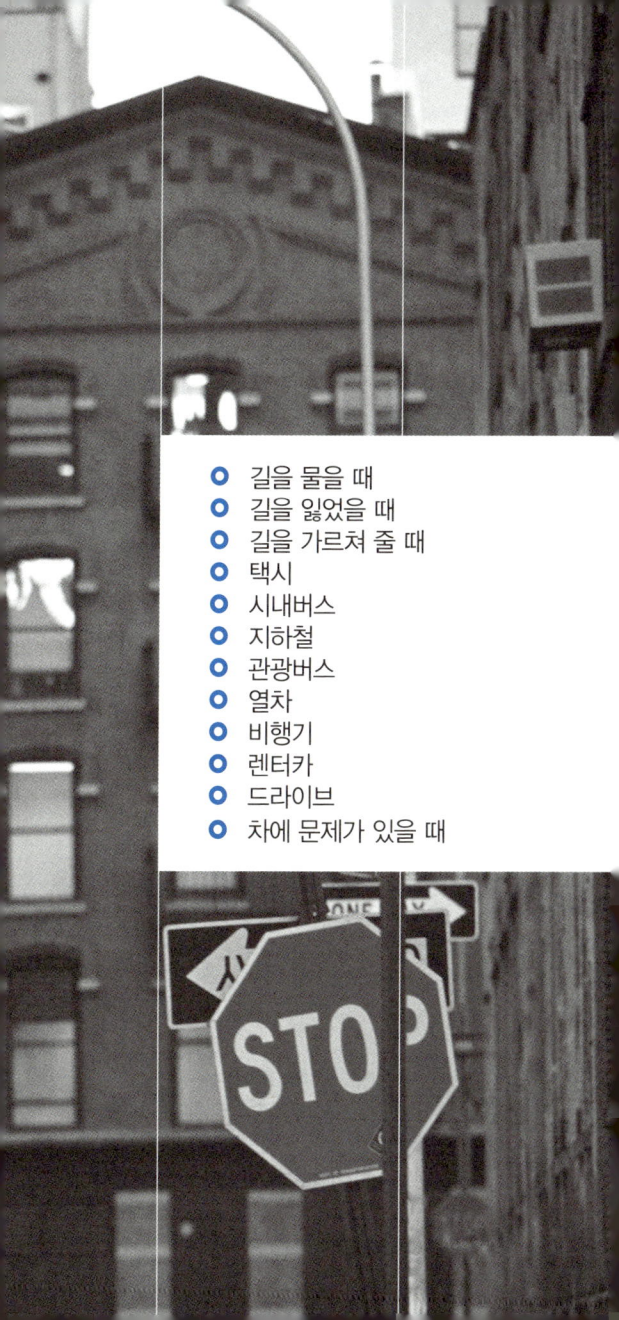

- 길을 물을 때
- 길을 잃었을 때
- 길을 가르쳐 줄 때
- 택시
- 시내버스
- 지하철
- 관광버스
- 열차
- 비행기
- 렌터카
- 드라이브
- 차에 문제가 있을 때

## 길을 물을 때

실례합니다.

여기가 어디입니까?

백화점은 어디에 있습니까?

곧장 가세요.

그리고 두 번째 모퉁이에서 우회전하세요.

오른쪽에 있습니다.

걸어서 얼마나 걸리나요?

| | | |
|---|---|---|
| 이 길에 | **on this street** [온 디스 스트뤼잇] |
| 이쪽 | **this side** [디스 싸이드] |
| 반대쪽 | **opposite side** [아퍼짓 싸이드] |
| 모퉁이에 | **on the corner** [온 더 코어~너~] |
| ~다음에 | **next to~** [넥스 투] |

**교통 기관**

Excuse me.
익스큐스 미

Where are we now?
웨어~ 아~ 위 나우

Where's the department store?
웨얼즈 더 디파~앗먼 스토어~

Go straight.
고우 스트레잇ㅌ

And turn right at the second corner.
앤 티언 롸잇 앳 더 쎄컨 코~너~

It's on your right.
이츠 안 유어~ 롸잇

How many minutes on foot?
하우 매니 미니츠 안 풋

| | | |
|---|---|---|
| ~앞에 | **in front of~** | [인프러넙] |
| 대로, 큰길 | **boulevard(blvd.)** | [불러바아~드] |
| 돌아가다 | **go back** | [고우 백] |
| 신호등 | **traffic light** | [트래픽 라이트] |
| 걸어서 | **on foot** | [안 풋] |

## 길을 물을 때

박물관은 어떻게 가면 됩니까?

역으로 가는 길을 가르쳐 주십시오.

이 근처인가요?

걸어서 갈 수 있나요?

얼마나 걸리나요?

이 근처에 지하철역이 있나요?

〈지도를 보여주며〉 표시 좀 해주세요.

---

| | |
|---|---|
| 박물관 | **museum** [뮤지엄] |
| 미술관 | **art museum** [아~트 뮤지엄] |
| 지하철역 | **subway station** [써브웨이 스테이션] |
| 철도역 | **railway station** [레일웨이 스테이션] |

**교통기관**

How can I get to the museum?
하우 캐나이 겟 투 더 뮤지엄

Please tell me the way to the station.
플리이스 텔 미 더 웨이 투 더 스테이션

Is it near here?
이짓 니어~ 히어~

Can I walk there?
캐나이 웍 데어~

How long does it take?
하우 롱 더짓 테이크

Is there a subway station around here?
이즈 데어뤄 써브웨이 스테이션 어라운 히어~

Would you mark it, please?
우쥬 마~킷 플리이스

| | | |
|---|---|---|
| 시내 | **downtown** [다운타운] | |
| 공중전화 | **pay phone / public telephone** [페이 포운 / 퍼블릭 텔러포운] | |
| 상점가 | **shopping street** [샤핑 스트뤼잇] | |
| 성 | **castle** [캐슬] | |

## 길을 잃었을 때

실례합니다. 여기는 무슨 거리입니까?

어디 가세요?

코리아타운으로 갑니다.

중앙역은 어느 방향입니까?

제가 길을 잘못 들어왔나요?

여기가 이 지도에서 어디입니까?

친절에 감사드립니다.

| 강 | **river** [뤼버~] |
| 다리 | **bridge** [브뤼쥐] |
| 보도 | **sidewalk / pavement** [싸이드웍 / 페이브먼트] |
| 신발가게 | **shoe store** [슈- 스토어~] |
| 약국 | **pharmacy** [퐈~머씨] |

**교통기관**

Excuse me! What's this street?
익스큐스 미   와츠 디스 스트뤼잇

Where are you going?
웨어~ 아~ 유 고우잉

We're going to Koreatown.
위어~ 고우잉 투 커뤼아타운

Which direction is Central station?
위치 디렉션 이즈 쎈트럴 스테이션

Am I on the wrong street?
앰 아이 안 더 륑 스트릿ㅌ

Where are we on this map?
웨어~ 아~ 위 안 디스 맵

It's very kind of you. Thank you.
이츠 베뤼 카인더뷰   쌩큐

| 드러그스토어 | **drug store** [드러그 스토어~] |
| 꽃가게 | **flower shop** [플라우어~ 샵] |
| 담배가게 | **tobacco shop** [터배코우 샵] |
| 방향 | **direction** [디렉션] |
| 횡단보도 | **cross walk** [크로스 워크] |

## 길을 가르쳐 줄 때

죄송합니다. 모르겠습니다.

저는 여행객입니다.

저도 잘 모르겠습니다.

다른 분에게 물어보시지요.

저기 있는 경찰관에게 물어보시지요.

지도를 가지고 있나요?

당신은 바로 여기에 있는 겁니다.

| | | |
|---|---|---|
| 광장 | **plaza / square** | [플래저 / 스퀘어~] |
| 분수 | **fountain** | [퐈운틴] |
| 교차로 | **intersection** | [인터~섹션] |
| 가로수 | **tree-lined street** | [트뤼 라인드 스트뤼잇] |

교통기관

I'm sorry. I don't know.
아임 쏴뤼    아이 돈 노우

I'm a tourist.
아이머 투어뤼스트

I'm not sure myself.
아임 낫 슈어~ 마이셀프

Please ask someone else.
플리이스 애스크 썸원 엘스

Why don't you ask the policeman over there?
와이 돈츄 애스크 더 폴리이스맨 오우버~ 데어~

Do you have a map?
두 유 해버 맵

You are right here.
유 아~ 롸잇 히어~

| | | |
|---|---|---|
| 성당 | **cathedral** | [커씨드럴] |
| 교회 | **church** | [춰~취] |
| 우체국 | **post office** | [포우스트 어퓌스] |
| 은행 | **bank** | [뱅크] |

## 택시

택시승강장은 어디입니까?

다저스 스타디움까지 부탁합니다.

여기에 세워주세요.

거스름돈은 그냥 넣어두세요.

공항까지 데려다 주세요.

〈운전수가〉 어느 항공사입니까?

유나이티드항공입니다.

| | | |
|---|---|---|
| 요금 | **fare** [페어~] |
| 거스름돈 | **change** [췌인쥐] |
| 운전기사 | **taxi driver** [택시 드롸이버~] |
| 짐 | **luggage** [러기쥐] |

**교통기관**

Where's the taxi stand?
웨얼즈 더 택씨 스탠드

To Dodger's Stadium, please.
투 다줘~스 스테이디엄 플리이스

Stop here, please.
스탑 히어~ 플리이스

Keep the change.
키입 더 췌인쥐

Take me to the airport.
테익 미 투 디 에어~포엇

Which airline are you taking?
위치 에얼라인 아~ 유 테이킹

United Airlines, please.
유나이팃 에얼라인스 플리이스

| (탑승) 정원 | **passenger capacity** [패씬줘~ 커패써리] |
| 트렁크 | **trunk** [트뢍크] |
| 넣다 | **put** [풋] |
| 택시승강장 | **taxi stand** [택시 스탠드] |

## 시내버스

산타바바라행 버스 정류장은 어디입니까?

어느 버스가 산디에고로 갑니까?

다음 버스는 몇 시에 있습니까?

〈버스를 가리키며〉 미술관으로 갑니까?

갈아타야 하나요?

도착하면 알려주세요.

여기에서 내리겠습니다.

| | | |
|---|---|---|
| 시내버스 | **city bus** | [씨리 버스] |
| 균일 요금 | **uniform fare** | [유니퓌~엄 페어~] |
| 환승권 | **transfer ticket** | [트랜스퓌~ 티킷] |
| 노선 | **route** | [루트] |

**교통기관**

### Where's the bus stop for Santa Barbara?
웨얼즈 더 버스탑 풔~ 쌔나 바~바라

### Which bus goes to San Diego?
위치 버스 고우즈 투 샌 디에고우

### When is the next bus?
웨니즈 더 넥스트 버스

### Do you go to the art museum?
두 유 고우 투 디 아~트 뮤지엄

### Do I have to transfer?
두 아이 햅 투 트랜스풔~

### Please tell me when we arrive there.
플리이스 텔 미 웬 위 어라이브 데어~

### I'll get off here.
아일 게로프 히어~

|  |  |
|---|---|
| 노선지도 | **route map** [루트 맵] |
| 차장 | **conductor** [칸닥타~] |
| 버스정류장 | **bus stop** [버스탑] |
| 터미널 | **terminal** [터~미널] |

## 지하철

이 근처에 지하철 역 있습니까?

표는 어디에서 살 수 있습니까?

웨스트역은 어느 트랙입니까?

어디에서 기차를 갈아타야 합니까?

이것은 사우스역으로 가는 겁니까?

노스역은 몇 번째 역입니까?

다음 역은 어디입니까?

지하철　　**subway / tube / underground**
[써브웨이 / 튜우브 / 언더~그롸운드]
표자동판매기　**ticket vending machine** [티킷 벤딩 머쉬인]
토큰 (뉴욕 지하철)　　**token** [토우큰]

**교통 기관**

### Is there a subway station near here?
이즈 데어뤄 써브웨이 스테이션 니어~ 히어~

### Where can I buy a ticket?
웨어~ 캐나이 바이 어 티킷

### Which track is for West station?
위치 트랙 이즈 풔~ 웨스트 스테이션

### Where should I change trains?
웨어~ 슈다이 췌인쥐 트뤠인스

### Is this for South station?
이즈 디스 풔~ 싸우쓰 스테이션

### How many stops are there to North station?
하우 매니 스탑스 아~ 데어~ 투 노~쓰 스테이션

### What's the next station?
와츠 더 넥스트 스테이션

| | | |
|---|---|---|
| 구간 열차 | **local** | [로우컬] |
| 환승 | **transfer** | [트랜스퍼~] |
| 출구 | **exit** | [엑짓] |
| 급행 | **express** | [익스프레스] |

## 관광버스

라스베이거스행 여행은 있습니까?

그 여행은 얼마입니까?

점심식사는 포함되어 있습니까?

자유 시간은 있습니까?

몇 시에 돌아오는 겁니까?

여행은 언제 어디에서 시작합니까?

호텔로 우리를 태우러 와 줍니까?

| | | |
|---|---|---|
| 관광버스 | **sightseeing bus** [싸잇씨잉 버스] | |
| 관광명소 | **tourist spot** [투어뤼스트 스팟] | |
| 시내지도 | **city map** [씨리 맵] | |
| 무료 | **free** [프뤼–] | |

**교통기관**

Do you have a tour to Las Vegas?
두 유 해버 투어~ 투 라스 베이거스

How much is the tour?
하우 머취 이즈 더 투어~

Is it including lunch?
이짓 인클루딩 런취

Do we have free time?
두 위 햅 프뤼- 타임

What time are we returning?
왓 타임 아~ 위 뤼터~닝

When and where does the tour begin?
웬 앤 웨어~ 더즈 더 투어~ 비긴

Will you pick us up at the hotel?
윌류 피커스 업 앳 더 호우텔

| | | |
|---|---|---|
| 팜플렛 | **brochure** [브뤼슈어~] | |
| 집합장소 | **place of meeting** [플레이스 업 미링] | |
| 집합시간 | **time of meeting** [타임 업 미링] | |
| 태우다 | **pick up** [픽 업] | |

## 열차

표창구는 어디입니까?

로스앤젤레스행 편도표 한 장 주십시오.

9시 급행표를 주십시오.

파리행 열차는 어디 있습니까?

이것은 마드리드행입니까?

〈표를 보여주며〉 이 열차가 맞습니까?

이 열차는 예정대로 운행됩니까?

| | | |
|---|---|---|
| 안내소 | **information office** [인풔~메이션 어퓌스] |
| 매점 | **news stand** [뉴~스탠드] |
| 분실물 취급소 | **lost and found office** [로스트 앤 퐈운드 어퓌스] |
| 왕복표 | **round-trip ticket /** (영) **return ticket** [롸운 트립 티킷 / 뤼터~언 티킷] |

### 교통기관

Where's the ticket window?
웨얼즈 더 티킷 윈도우

A one way ticket to Los Angeles, please.
어 원 웨이 티킷 투 로스 앤젤레스 플리이스

Tickets for the express at nine, please.
티키츠 풔~ 디 익스프뤠스 앳 나인 플리이스

Where's the train for Paris?
웨얼즈 더 트뤠인 풔~ 패뤼스

Is this for Madrid?
이즈 디스 풔~ 마드리드

Is this my train?
이즈 디스 마이 트뤠인

Is this trina on schedule?
이즈 디스 트뤠인 안 스케줄

| | | |
|---|---|---|
| 편도표 | **one-way ticket /** (영) **single ticket** [원 웨이 티킷 / 씽글 티킷] | |
| 환승권 | **transfer ticket** [트렌스풔~ 티킷] | |
| 목적지 | **destination** [데스터네이션] | |
| 차장 | **conductor** [컨닥타~] | |

## 열차

그것은 제 좌석입니다.

이 자리에 임자가 있나요?

창문을 열어도 되겠습니까?

식당차는 어디입니까?

로마까지 몇 시간 걸립니까?

〈국경 통과시〉 여권을 보여 주십시오.

여기 있습니다.

| | | |
|---|---|---|
| 식당차 | **dining car** | [다이닝 카~] |
| 침대차 | **sleeping car** | [슬리-핑 카~] |
| 상단침대 | **upper berth** | [아퍼~ 버~쓰] |
| 하단침대 | **lower berth** | [로우어~ 버~쓰] |
| 연결열차 | **connection** | [커넥션] |

## 교통기관

That's my seat.
대츠 마이 씨잇ㅌ

Is this seat taken?
이즈 디스 씨잇 테이큰

May I open the window?
메이 아이 오픈 더 윈도우

Where's the dining car?
웨얼즈 더 다이닝 카~

How many hours to Rome?
하우 매니 아우얼스 투 뤄움

May I see your passport?
메이 아이 씨- 유어~ 패스폴트

Here it is.
히어~ 이리즈

| | | |
|---|---|---|
| 환승역 | **junction** | [정션] |
| 게시판 | **bulletin board** | [불러틴 보어~드] |
| 도중하차 | **stopover** | [스탑오버~] |
| 국경 | **frontier** | [프런티어~] |
| 좌석 | **seat** | [씨잇!] |

# 비행기

유나이티드항공사 카운터는 어디입니까?

지금 체크인할 수 있습니까?

금연 구역의 통로석으로 부탁합니다.

이것은 기내로 갖고 들어갈 짐입니다.

몇 번 게이트로 가면 됩니까?

여기가 산디에고 게이트입니까?

비행은 정시에 출발합니까?

| | |
|---|---|
| 국제선 | **international flight** [인터네셔널 플라잇] |
| 국내선 | **domestic flight** [더메스틱 플라잇] |
| 출발시간 | **departure time** [디파~춰~ 타임] |
| 창측석 | **window seat** [윈도우 씨잇] |

교통기관

### Where's the United Airlines counter?
웨얼즈 더 유나이릿 에얼라인스 카우너~

### Can I check in now?
캐나이 췌킨 나우

### An aisle seat in the non-smoking section, please.
앤 아일 씨잇 인 더 난 스모우킹 섹션 플리이스

### This is carry-on luggage.
디스 이즈 캐뤼 안 러기쥐

### Which gate should I go to?
위치 게잇 슈다이 고우 투

### Is this the gate to San Diego?
이즈 디스 더 게잇 투 샌디에고우

### Is the flight on time?
이즈 더 플라잇 안 타임

| | | |
|---|---|---|
| 통로석 | **aisle seat** | [아일 씨잇] |
| 기념품점 | **gift shop** | [기프트 샵] |
| 면세점 | **duty-free shop** | [듀리 프루- 샵] |
| 커피숍 | **coffee shop** | [커퓌 샵] |

## 렌터카

렌터카 카운터는 어디 있습니까?

〈확인서를 꺼내고〉 예약했습니다.

이것이 저의 국제운전면허증입니다.

샌프란시스코에서 차를 반환하고 싶은데요.

소형차를 1주일 빌리고 싶습니다.

보증금은 얼마입니까?

종합보험에 들고 싶습니다.

| | | |
|---|---|---|
| 소형차 | **compact car** | [컴팩 카~] |
| 대형차 | **big car** | [빅 카~] |
| 오픈카 | **convertible** | [컨붜~러블] |
| 오토카 | **automatic transmission** | [어-러매릭 트렌스미션] |

**교통 기관**

Where's the rent-a-car counter?
웨얼즈 더 뢴터카~ 카운터~

I have a reservation.
아이 해버 뤠저~베이션

Here's my international driver's license.
히얼즈 마이 인터~내셔널 드라이버~스 라이선스

I'd like to drop it off in San Francisco.
아이드 라익 투 드라핏 오퓐 샌프런씨스코우

A compact car for a week, please.
어 컴팩 카~ 풔러 위익 플리이스

How much is the deposit?
하우 머춰 이즈 더 디파짓

With comprehensive insurance, please.
윗 캄프뤼헨씹 인슈어런스 플리이스

| | | |
|---|---|---|
| 에어컨 | **air conditioner** [에어~ 컨디셔녀~] | |
| 드롭옵 요금 | **drop-off-charge** [드로폽 촤~쥐] | |
| | (차를 다른 곳에서 반환할 때의 요금) | |
| 서명 | **signature** [씨그너춰~] | |
| 종합보험 | **comprehensive insurance** [캄프뤼헨씹 인슈어런스] | |

175

## 드라이브

긴급연락처를 가르쳐 주십시오.

샌디에고는 어느 길입니까?

5번 도로를 남쪽으로 가십시오.

곧장 말인가요? 아니면 왼쪽으로 말인가요?

몬터레이까지 몇 마일입니까?

이 근처에 주유소 있나요?

레귤러로 꽉 채워주세요.

| 타다 | **get on** [겟 언-] |
| 내리다 | **get off** [겟 어-프] |
| 고속도로 | **expressway** [익스프레스웨이] |
| 운전면허 | **driver's license** [드라이버ㄹ스 라이선스] |

**교통 기관**

### Where should I call in case of an emergency?
웨어~ 슈다이 컬 인 케이스 업 언 이머~전씨

### Which way to San Diego?
위치 웨이 투 쌘디에고우

### Take the 5 South.
테익 더 퐈입 싸우쓰

### Straight? Or to the left?
스트뤠잇      오얼 투 더 레프트

### How many miles to Monterey?
하우 매니 마일스 투 마너뤠이

### Is there a gas station around here?
이즈 데어뤄 개스테이션 어롸운 히어~

### Fill'er up with regular, please.
필러랍 윗 레귤러~ 플리이스

| | | |
|---|---|---|
| 안전벨트 | **seat belt** [씻- 벨트] | |
| 지름길 | **shortcut** [쇼-ㄹ트컷] | |
| 주차 | **parking** [파-ㄹ킹] | |
| 교통체증 | **traffic jam** [트래픽 잼] | |

## 차에 문제가 있을 때

배터리가 다 닳았어요.

펑크가 났어요.

시동이 걸리지 않아요.

타이어의 공기압을 점검해 주세요.

수리할 수 있겠어요?

차를 반환하겠습니다.

가솔린을 채워 놓았습니다.

| 주유소 | **gas station** [개스테이션] |
| 무연 | **unleaded** [언레디드] |
| 프레미엄 〈고급〉 | **premium** [프뤠미엄] |
| 갤런 〈약 4리터〉 | **gallon** [갤런] |

교통기관

### The battery is dead.
더 배러뤼 이즈 데드

### I got a flat tire.
아이 가러 플랫 타이어~

### I can't start the engine.
아이 캔트 스타~앗 디 엔쥔

### Check the tire pressure, please.
첵 더 타이어 프뤠셔~ 플리이스

### Can you repair it?
캔 유 뤼페어륏

### I'll return the car.
아일 뤼터~언 더 카~

### I filled up the tank.
아이 필답 더 탱크

---

| | | |
|---|---|---|
| 오일교환 | **oil change** | [오일 췌인쥐] |
| 고장 | **out of order** | [아우럽 오~더~] |
| 수리공 | **mechanic** | [미캐닉] |
| 펑크 난 타이어 | **flat tire** | [플랫 타이어ㄹ] |

# Part 8
# 긴급사태

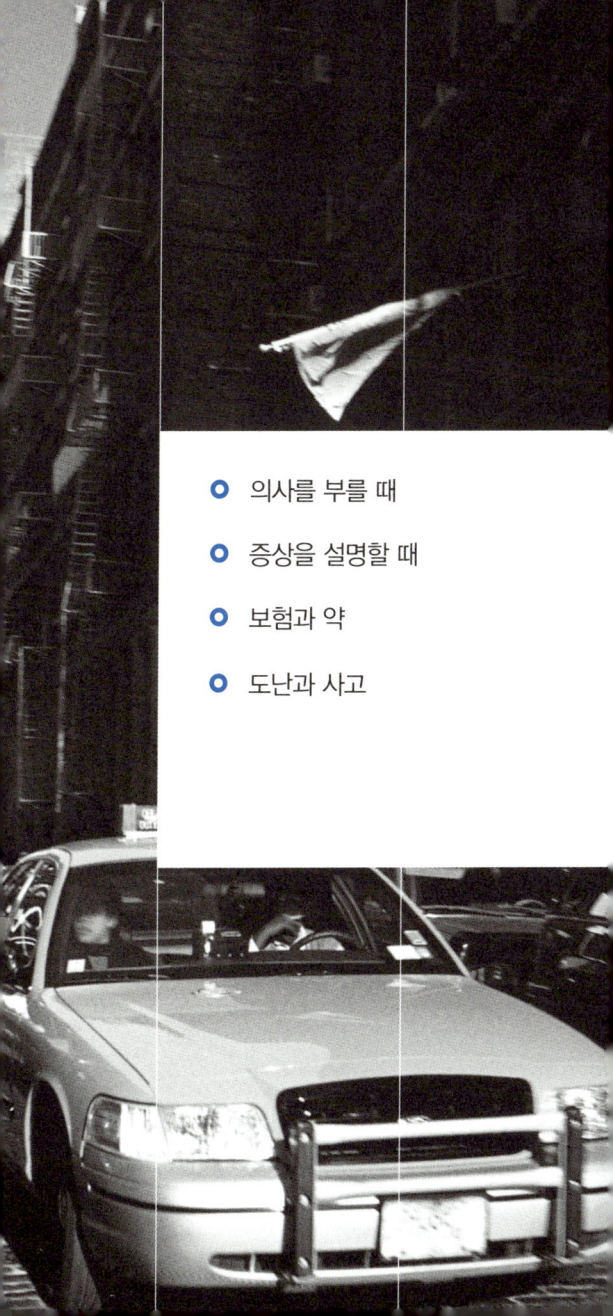

- 의사를 부를 때
- 증상을 설명할 때
- 보험과 약
- 도난과 사고

## 의사를 부를 때

의사를 불러 주시겠습니까?

여기는 1106호입니다.

배가 아픕니다.

얼마나 기다려야 하나요?

서둘러 주시겠어요?

저를 병원으로 데려가 주세요.

구급차를 불러주세요.

| 한국어를 하는 의사 | **Korean speaking doctor** [커뤼언 스피이킹 닥터~] |
|---|---|
| 질병 | **sickness** [씩니스] |
| 부상 | **injuries** [인쥬어뤼스] |
| 증상 | **symptom** [씸텀] |

긴급 사태

Would you send for a doctor?
우쥬 쎈 풔러 닥터~

This is 1106.
디스 이즈 일레븐 오우 씩스

I have a stomachache.
아이 해버 스타먹에이크

How long must I wait?
하우 롱 머스타이 웨잇ㅌ

Could you hurry, please?
쿠쥬 허뤼 플리이스

Take me to the hospital, please.
테익 미 투 더 하스피를 플리이스

Call an ambulance, please.
컬 앤 앰뷸런스 플리이스

| | | |
|---|---|---|
| 내과의사 | **physician** | [퓌지션] |
| 외과의사 | **surgeon** | [써~전] |
| 치과의사 | **dentist** | [덴티스트] |
| 안과의사 | **oculist** | [아큘리스트] |

## 증상을 설명할 때

〈의사가〉 영어를 할 줄 아세요?

조금요.

〈의사가〉 어디가 아프세요?

감기 걸렸습니다.

설사가 심합니다.

열이 있습니다.

이것은 한국의 제 의사가 써준 것입니다.

| | | |
|---|---|---|
| 혈액형 | blood type [블럿 타입] | |
| 진찰하다 | examine [익재민] | |
| 한기 | chills [췰스] | |
| 어지러운 | dizzy [디지] | |
| 전신 | all over [올 오버~] | |

긴급 사태

Do you speak English?
두 유 스피익 잉글리쉬

A little.
어 리를

What's wrong with you?
와츠 륑 위듀

I have a cold.
아이 해버 코울드

I have bad diarrhea.
아이 햅 뱃 다이어뤼아

I have a fever.
아이 해버 퓌버~

This is from my doctor in Korea.
디스 이즈 프럼 마이 닥터~ 인 커뤼아

| | | |
|---|---|---|
| 두근거리는 | **throbbing** | [쓰롸빙] |
| 오줌 | **urine** | [유륀] |
| 피가 나는 | **bleeding** | [블리이딩] |
| 가려운 | **itchy** | [잇취] |
| 통증 | **pain** | [페인] |

## 증상을 설명할 때

여기가 아픕니다.

식욕이 없습니다.

잠을 잘 수가 없습니다.

구역질이 납니다.

변비가 있습니다.

기침이 납니다.

어제부터 그렇습니다.

| | | |
|---|---|---|
| 알레르기 | **allergy** | [앨러~쥐] |
| 식중독 | **food-poisoning** | [푸웃 포이즈닝] |
| 과음 | **drink too much** | [드륑 투 머취] |
| 과식 | **eat too much** | [이잇 투 머취] |

## 긴급 사태

**I have a pain here.**
아이 해버 페인 히어~

**I have no appetite.**
아이 햅 노우 애퍼타잇ㅌ

**I can't sleep.**
아이 캔 슬리입

**I feel nauseous.**
아이 필 너-셔스

**I am constipated.**
아이 앰 칸스터페이릿

**I have a cough.**
아이 해버 커-프

**Since yesterday.**
씬스 예스터~데이

| | | |
|---|---|---|
| 소화불량 | **indigestion** | [인디이줴스쳔] |
| 신경통 | **neuralgia** | [뉴어릴저] |
| 두드러기 | **hives** | [하이브즈] |
| 폐렴 | **pneumonia** | [뉴-모우니아] |

## 보험과 약

지금은 훨씬 더 좋아졌습니다.

---

진단서를 써주십시오.

---

〈보험용지를 주며〉
이 양식에 기입해 주십시오.

---

예정대로 여행을 해도 되겠습니까?

---

이 처방서의 약을 조제해 주십시오.

---

이 약은 어떻게 먹는 겁니까?

---

매 식사 후 드십시오.

| | |
|---|---|
| 보험증 | **insurance policy** [인슈어런스 팔러씨] |
| 진단서 | **medical certificate** [메러컬 써~티퓌킷] |
| 용지 | **form** [풔~엄] |
| 처방전 | **prescription** [프뤼스크립션] |

긴급사태

I feel much better now.
아이 필 머취 베러~ 나우

Would you give me a medical certificate?
우쥬 깁 미 어 메리컬 써~티퓌킷

Fill out this form, please.
퓔라웃 디스 풔~엄 플리이스

Can I travel as scheduled?
캔 아이 트래블 애즈 스케쥴드

Fill this prescription, please.
퓔 디스 프뤼스크립션 플리이스

How do I take this medicine?
하우 두 아이 테익 디스 메디슨

Take it after every meal.
테이킷 애프터~ 에브뤼 밀

| | | |
|---|---|---|
| 약국 | **pharmacy** [퐈~머씨] |
| 약 | **medicine** [메더슨] |
| 매 식전 | **before every meal** [비풔~ 에브뤼 밀] |
| 의료보험 | **medical insurance** [메디컬 인슈어런스] |

189

# 도난과 사고

도와주세요!

소매치기다!

저 녀석을 잡아주세요!

〈주위 사람에게〉 경찰을 불러주세요.

경찰을 부르겠습니다.

여기에서 빨간 가방을 못 보셨나요?

〈전화번호를 보여주며〉
한국대사관으로 전화해 주세요.

| | | |
|---|---|---|
| 사기 | fraud | [프뤄-드] |
| 강탈 | snatching | [스내췽] |
| 날치기 | baggage thief | [배기쥐 씨이프] |
| 도난 | theft | [쎄프트] |

긴급 사태

Help!
헬프

Pickpocket!
픽파킷

Catch him!
캐침

Call the police.
컬 더 폴리스

I'll call the police.
아일 컬 더 폴리스

Didn't you see a red bag here?
디든츄 씨- 어 뤳 백 히어~

Please call the Korean embassy.
플리즈 컬 더 커리안 앰버시

| | | |
|---|---|---|
| 분실 | **loss** | [로스] |
| 긴급사태 | **emergency** | [이머~젼씨] |
| 구급차 | **ambulance** | [앰뷸런스] |
| 순찰차 | **police car** | [폴리스 카~] |

# 여행 메모

Free Note

# 여행 메모

Free Note

# 여행 메모

Free Note

# 여행 메모

Free Note

# 여행 메모

Free Note

# 여행 메모

Free Note

# 여행 메모

Free Note

# 여행 메모

Free Note

# 여행 스케줄

Date    /    /

**구경거리**

**즐길거리**

**먹거리**

**숙박**

**경비**

**기타**

# 여행 스케줄

Date    /    /

**구경거리**

**즐길거리**

**먹거리**

**숙박**

**경비**

**기타**

# 여행 스케줄

Date    /    /

**구경거리**

**즐길거리**

**먹거리**

**숙박**

**경비**

**기타**

## 여행 스케줄

Date    /    /

**구경거리**

**즐길거리**

**먹거리**

**숙박**

**경비**

**기타**

# 여행 스케줄

Date    /    /

**구경거리**

**즐길거리**

**먹거리**

**숙박**

**경비**

**기타**

## 여행 스케줄

Date    /    /

**구경거리**

**즐길거리**

**먹거리**

**숙박**

**경비**

**기타**

# 여행 스케줄

Date    /    /

**구경거리**

**즐길거리**

**먹거리**

**숙박**

**경비**

**기타**

# 여행자 메모

Traveler's Note

**여권번호**
Passport No.

**비자번호**
Visa No.

**항공권번호**
Air Ticket No.

**항공권편명**
Flight Name

**신용카드번호**
Credit Card No.

**여행자수표번호**
Traveler's Check No.

**해외여행보험번호**
T.A. No.

| **항공권 예약** | Day \| |
| | Time \| |
| | Flight Name \| |
| | **담당자** \| |